全国电力行业"十四五"规划教材

U0662199

能源动力类专业课程思政教学案例集

主　编　孙志强　饶政华

主　审　李超民

中国电力出版社
CHINA ELECTRIC POWER PRESS

内 容 提 要

本书围绕高等教育"立德树人"的根本任务，面向新时代国家能源发展战略需求，顺应思政教育和新工科教育发展新趋势，编写了 40 个能源动力类专业课程思政案例。围绕政治认同、家国情怀、文化传承、道德修养、工匠精神、科学精神、能源名家七个主题，吸纳了能源科学与工程相关的国家战略与发展成就、先进人物与优秀事迹、中华文明与世界文明、科学研究与工程实践、学科起源与历史沿革等思政育人的优秀素材。

作为高等学校能源动力类专业课程思政建设的有益尝试，本书可作为能源与动力工程、能源与环境系统工程、新能源科学与工程、储能科学与工程、建筑环境与能源应用工程、新能源材料与器件等专业的教学用书，也是培养理工科人才爱国意识、人文情怀、创新思维、科学素养的通识读本。

图书在版编目（CIP）数据

能源动力类专业课程思政教学案例集/孙志强，饶政华主编 .—北京：中国电力出版社，2024.2
全国电力行业"十四五"规划教材
ISBN 978 - 7 - 5198 - 6841 - 3

Ⅰ.①能… Ⅱ.①孙…②饶… Ⅲ.①高等学校－思想政治教育－教案（教育）－汇编－中国
Ⅳ.①G641

中国国家版本馆 CIP 数据核字（2023）第 252361 号

出版发行：中国电力出版社
地　　址：北京市东城区北京站西街 19 号（邮政编码 100005）
网　　址：http://www.cepp.sgcc.com.cn
责任编辑：李　莉（010 - 63412438）
责任校对：黄　蓓　常燕昆
装帧设计：赵姗杉
责任印制：吴　迪

印　　刷：廊坊市文峰档案印务有限公司
版　　次：2024 年 2 月第一版
印　　次：2024 年 2 月北京第一次印刷
开　　本：787 毫米×1092 毫米　16 开本
印　　张：13.75
字　　数：299 千字
定　　价：48.00 元

版 权 专 有　侵 权 必 究

本书如有印装质量问题，我社营销中心负责退换

前　言

教育部印发的《高等学校课程思政建设指导纲要》指出："课程思政建设内容要紧紧围绕坚定学生理想信念，以爱党、爱国、爱社会主义、爱人民、爱集体为主线，围绕政治认同、家国情怀、文化素养、宪法法治意识、道德修养等重点优化课程思政内容供给，系统进行中国特色社会主义和中国梦教育、社会主义核心价值观教育、法治教育、劳动教育、心理健康教育、中华优秀传统文化教育。"对于理工科专业，"要在课程教学中把马克思主义立场观点方法的教育与科学精神的培养结合起来，提高学生正确认识问题、分析问题和解决问题的能力"。能源事关国家安全，是经济和社会发展的重要物质基础。为满足新时代国家能源战略发展的需求，落实立德树人的根本任务，推进课程思政与专业教学的统筹协调，是高校思政教育既守正又创新的体现。

本书围绕"价值塑造、能力培养、知识传授"三位一体的教学目标，面向新时代国家能源发展战略需求，顺应思政教育和新工科教育发展新趋势，以政治认同、家国情怀、文化传承、道德修养、工匠精神、科学精神、能源名家为主题，精心编写了40个能源动力类专业课程思政案例。本书特别收录了我国一代又一代科学家、科技工作者心系祖国和人民，不畏艰难、无私奉献的故事，还注重科学思维方法、科学和工程伦理的教育，以境触人、以情感人，寓价值观引导于知识传授和能力培养之中，以达到"坚定理想信念、厚植爱国主义情怀、培养奋斗精神、加强品德修养、增长知识见识、增强综合素质"的培养目标。

本书由中南大学能源科学与工程学院孙志强教授和饶政华教授共同编写。以一线教师的视角，从能源领域挖掘优秀思政素材，并以案例形式汇集成册，对能源动力类专业课程思政建设进行了新的尝试。中南大学马克思主义学院夏丹妮博士参编了案例的思政要点解析。研究生王婷巍、刘增义、王栋明、王娅琼参与了资料收集与图片处理等工作。

感谢湖南师范大学思想政治教育研究所所长李超民教授担任主审，并提出了宝贵意见！本书得到国家一流本科专业建设点项目（能源与动力工程、新能源科学与工程、建筑环境与能源应用工程）、高等学校能源动力类教学研究与实践项目重点项目（NDJZW2021Z-12）、湖南省普通高等学校教学改革研究项目（2019-44）、中南大学课程思政建设研究项目（2022KCSZ023）的资助，在此表示衷心的感谢！

在本书的编写过程中，作者参阅并引用了相关著作、文献、新闻报道、网络资源中的一些信息和数据，在此特向各位相关作者致以真挚的谢意！

因作者的学识水平和能力有限，书中不妥之处，恳请读者批评指正。

编者

2024 年 1 月于长沙

目　录

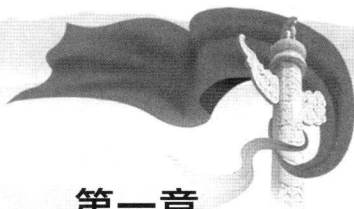

第一章

政 治 认 同

当前，世界百年未有之大变局加速演进，我国正处于实现中华民族伟大复兴的关键时期。青年兴则国家兴，青年强则国家强。青年一代有理想、有本领、有担当，国家就有前途，民族就有希望。当前，正处于多元思想文化交流交融交锋时期，而青年大学生正处于人生价值观念的"拔节孕穗期"，最需要精心引导。因此，要塑造青年人的国家意识、民族情感和政治信仰，从而树立起坚定的中国特色社会主义理想信念。

本章以具体案例阐述了我国在能源领域的新理论、新战略、新政策，引导学生了解世情国情党情民情，增强青年大学生对党的政治认同、思想认同、情感认同。本章收录了新中国成立以来能源领域的安全战略、民生建设、绿色转型、脱贫攻坚、"一带一路"倡议等典型案例，不仅能让青年大学生们真切感受国家在能源领域取得的巨大成就，而且有助于增强他们热爱祖国的自信力、树立为国家和人民服务的远大理想。借助能源工程领域先进人物、优秀事迹的号召力和感染力，营造积极向上的政治认同环境，增强青年大学生的政治认同感。

在大学阶段及以后，青年在理解、探索政治认同背景下社会发展规律的同时，要在事上磨砺，在知行合一中体悟社会价值，找准自己的定位，从而在实际行动上热爱国家和人民，实现自身政治认知水平的提升，努力成长为有情怀、有追求、有担当、有作为的中国青年。

案例 1-1 "四个革命、一个合作" 能源安全新战略

一、案例内容

1. 国际形势与能源安全

能源安全是关系国家经济社会发展的全局性、战略性问题，对国家繁荣发展、人民生活安定、社会长治久安至关重要。我国实现了第一个百年奋斗目标，正在向全面建成社会主义现代化强国的第二个百年奋斗目标迈进。推动经济发展质量变革、效率变革、动力变革，转变发展方式、优化经济结构、转换增长动力，都需要保障能源安全、调整能源结构，坚决不走西方发达国家走过的高耗能高碳排放的老路。

从国际形势看，世界百年未有之大变局加速演进，国际环境错综复杂，世界经济陷入低迷期，全球产业链供应链面临重塑，不稳定性不确定性明显增加。国际能源市场波动加大，全球能源治理体系深度调整。在这种背景下，我国作为世界最大的能源消费国，如何有效保障国家能源安全、有力保障国家经济社会发展，始终是我国能源发展的首要问题。

从应对气候变化看，我国统筹国内国际两个大局，作出实现碳达峰碳中和的重大战略决策，能源安全保障面临新的机遇和挑战。国际方面，碳中和行动有广泛的社会基础，但由于政治经济的复杂性，全球碳中和愿景仍存在着不确定性。这种不确定性引发许多国家陷入碳中和的焦虑，既担心因碳中和进度迟缓而受到国际压力，也担心冒进做法引发国内社会经济冲击。从 20 世纪 90 年代至今，国际社会先后通过了《联合国气候变化框架公约》（1992 年）、《京都议定书》（1997 年）和《巴黎协定》（2015 年）三个应对气候变化的重要国际法律文件，奠定了国际社会有关温室气体减排的政治共识、基本框架和路线图。特别是 2015 年的

《巴黎协定》和联合国政府间气候变化专门委员会（IPCC）相关报告，直接催生了全球及国家层面的碳中和目标。2015年12月以来，近200个缔约方加入《巴黎协定》，承诺在21世纪末把全球平均气温升幅控制在较工业化前不超过2℃，并争取控制在1.5℃之内。《IPCC全球升温1.5℃特别报告》指出，要实现《巴黎协定》规定的温升控制在2℃和1.5℃的目标，分别要求全球在2070年左右和2050年左右实现碳中和。根据《巴黎协定》，从2016年11月起，越来越多的国家和地区向联合国提交了长期低排放发展战略，并提出碳中和目标，如欧盟委员会提出到2050年欧洲在全球范围内率先实现碳中和。2020年9月在第七十五届联合国大会一般性辩论上，我国宣布将提高国家自主贡献力度，采取更加有力的政策和措施，力争于2030年前实现碳达峰，努力争取于2060年前实现碳中和。迄今，全球已有150多个国家和地区提出了各自的碳中和目标。

然而应该看到，我国承诺实现从碳达峰到碳中和的时间，远远短于发达国家所用时间，这意味着我国作为世界上最大的发展中国家，将完成全球最高碳排放强度降幅的任务。目前，我国能源活动碳排放占全国碳排放总量的比重高。短期来看，由于石油和天然气需求的增加，进口量将不断攀升、对外依存度将持续走高。煤炭在保障能源稳定充足供应方面将继续发挥重要作用，碳排放将持续增长。长期来看，实现碳中和目标需要建立以清洁能源为主体的能源系统。随着清洁能源技术的变革和创新，未来新能源、电动汽车、节能行业以及储能行业将迎来大规模增长，能源结构将发生颠覆性的改变。在新能源逐渐替代化石能源的过程中，化石能源的进口有望实现持续下降，这有利于改善我国能源的对外依存状况，进而提升能源安全。因此，从长期来看，能源安全与碳中和目标具有一致性。

2. 新时代能源安全发展战略的提出与实践

着眼新时代的发展要求，2014年6月我国在中央财经领导小组第六次会议上提出了"四个革命、一个合作"能源安全新战略，即推动能源消费革命、能源供给革命、能源技术革命和能源体制革命，全方位加强国际合作，着力构建清洁低碳、安全高效的新型能源体系（见图1-1）。2020年12月，国务院新闻办发布了《新时代的中国能源发展》白皮书，全面阐述了新时代新阶段我国能源安全发展战略的主要政策和重大举措。新时代以来，我国坚定不移地推进能源革命，能源生产和利用方式发生重大变革，能源发展取得了历史性成就。

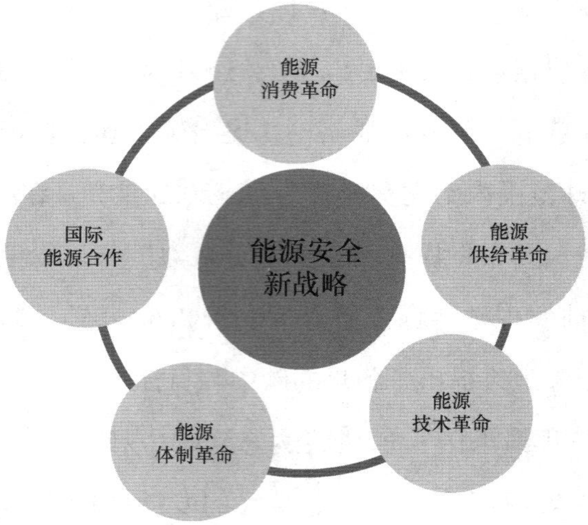

图1-1 我国能源安全发展战略思想体系

（1）推动能源消费革命，抑制不合理能源消费，更加优化能源消费结构，坚持清洁低碳方向。党的十八大以来，建立实施了能源消费强度和总量双控制度，将节能指标纳入生态文明、绿色发展等绩效评价体系，促进了能源消费结构调整和能源利用效率提升。"十三五"末单位国内生产总值能耗累计降低24.4%，相当于减少能源消费约12亿吨标准煤，以能源消费年均2.7%的增长支撑了国民经济年均6.4%的增长。我国2017—2021年能源消费结构见图1-2。2022年，煤炭消费比重下降至56.2%，天然气、水电、核电、风电等清洁能源消费比重提升至25.9%。

（2）推动能源供给革命，深化能源供给侧结构性改革，建立多元供应体系，稳定能源保供，提升供给质量。"十三五"期间，我国能源自主保障能力始终保持在80%以上，供需关系和能源结构持续向好（见图1-3）。2022年，我国可再生能源新增装机1.52亿千瓦，占全国新增发电装机的76.2%；可再生能源发电量稳步增长，达到2.7万亿千瓦时，占全社会用电量的31.6%。我国水电、

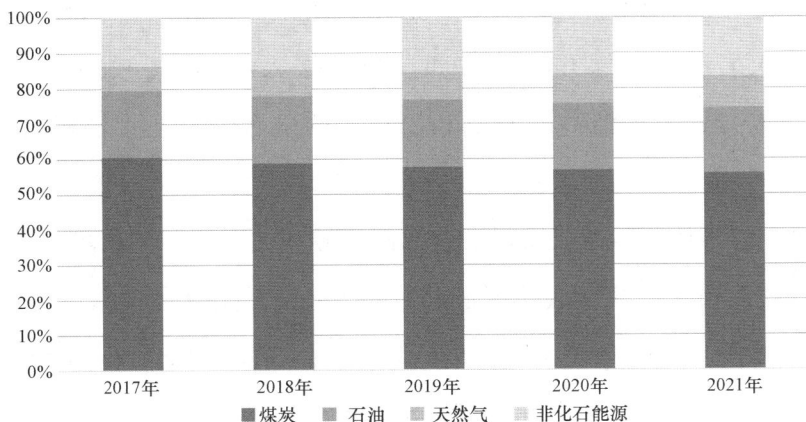

图 1-2　我国能源消费结构（2017—2021 年）

数据来源：国家统计局

风电、光伏发电和生物质发电量分别占全社会用电量的 15.8%、8.9%、5% 和 2.1%。同时，可再生能源利用率持续保持较高水平，2022 年全国主要流域水能利用率约 98.7%，风电平均利用率 96.8%，光伏发电平均利用率 98.3%。

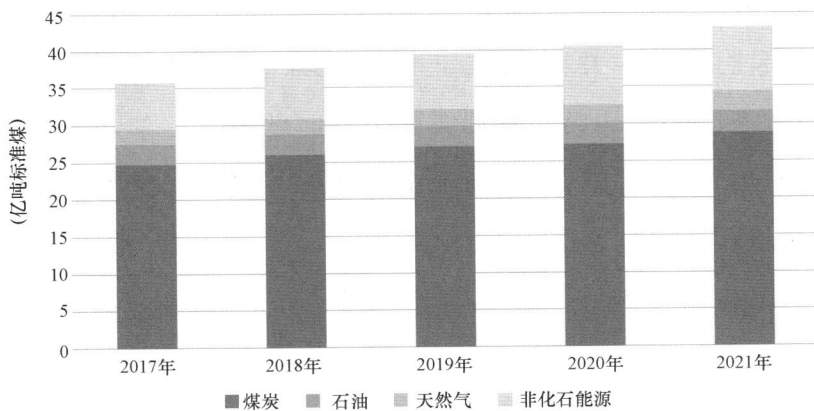

图 1-3　我国能源生产情况（2017—2021 年）

数据来源：国家统计局

（3）推动能源技术革命，带动产业升级，构建绿色能源技术创新体系，全面提升能源科技和装备水平。我国建立了完备的水电、核电、风电、太阳能发电等清洁能源装备制造产业链，成功研发制造了全球最大单机容量 100 万千瓦水电机组，具备最大单机容量达 16 兆瓦的全系列风电机组制造能力，不断刷新光伏电池转换效率世界纪录。核能利用技术、油气勘探开发技术能力持续提高，页岩油气勘探开发技术和装备水平大幅提升。数字化、大数据、人工智能技术与能源清洁高效开发利用技术的融合创新，推动了智慧能源技术发展。

（4）推动能源体制革命，深化重点能源领域和关键环节的市场化改革，构建有效竞争的能源市场。我国放开配售电业务，鼓励社会资本参与增量配电业务，截至 2021 年底推出 459 个增量配电改革试点项目，在电力交易机构注册的售电公司已超过 4500 家。推进油气勘采、管网运营机制改革，允许符合准入要求的市场主体参与常规油气勘查开采，推动油气管网设施公平开放，支持油气管网设施互联互通和公平接入。改革油气产品定价机制，缩短成品油调价周期，逐步放开非常规天然气价格。

（5）全方位加强国际合作，为实现开放条件下的能源安全奠定坚实基础，为推动全球能源可持续发展贡献中国智慧。在国家和地区层面，我国与 90 多个国家和地区建立了政府间能源合作机制；在国际组织层面，与 30 多个能源领域国际组织和多边机制建立了合作关系，搭建了中国—阿盟清洁能源培训中心、中国—非盟能源伙伴关系、中国—中东欧能源项目对话和合作中心、APEC 可持续能源中心、中国—东盟清洁能源能力建设等五个区域能源合作平台。在具体合作层面，相继投运一批标志性重大项目，建成了中亚—俄罗斯、中东、非洲、美洲和亚太五大油气合作区。

📖 二、思政要点解析

察势者智，驭势者赢。我国发展面临的国内外环境正发生深刻变化，国家能源安全和能源高质量发展也面临诸多挑战。我国提出的"四个革命、一个合作"能源安全新战略，顺应能源发展大势，推动了能源的高质量发展迈出坚实步伐。"四个革命、一个合作"的能源安全新战略，在理念上体现了"坚持以人民为中心""坚持清洁低碳导向""坚持创新核心地位""坚持以改革促发展""坚持推动构建人类命运共同体"，在实践上体现了发展和减排、降碳和安全、整体和局部、短期和中长期、立和破、政府和市场、国内和国际等多方面多维度关系处理原则，走出生态优先、绿色低碳的高质量发展道路，有效应对可能的伴生风险，解决好发展不平衡不充分的问题。

教育兴则国家兴，教育强则国家强。"四个革命、一个合作"能源安全新战略思想，为高等学校能源动力类专业教育指明了前进的方向。随着能源革命深入推进，构建清洁低碳、安全高效的现代能源体系，已上升为国家意志和社会共识，这对能源动力类专业的人才培养提出了新的更高要求。当代青年，尤其是能源动力类专业大学生，应正确认识当前复杂多变的国际环境和我国能源安全新形势，深刻理解"四个革命、一个合作"能源安全新战略的提出背景和内涵。能源供需格局新变化、国际能源发展新趋势、应对气候变化、疫情等突发公共事件的新挑战，使能源与发展、能源与环境之间的矛盾日益凸显。既要看到我国在推进能源革命过程取得的重要成就，又要对保障国家能源安全的艰巨性有清晰的认识。能源动力类大学生从入校伊始，能源动力类专业大学生就应树立作为一名未来"能源人"的光荣与使命感，深植"绿色、高效、低碳"意识，立志为国家发展提供清洁能源、开发能源新技术而努力学习。

案例 1-2　把能源的饭碗端在自己手里

📖 一、案例内容

1. 大庆油田：有石油更有精神

新中国成立之初，百废待兴，能源工业基础十分薄弱。石油作为工业经济的血脉，关系着国家安全与经济发展大局。1949 年我国原油产量仅 12 万吨，国内消费的石油基本上依靠进口。我国历来有"油在西北"的说法，玉门油矿是西北地区的老油田。1955 年发现克拉玛依油田，紧接着在柴达木盆地又发现了油泉子、油矿山等小型油田，1958 年在青海地区也陆续发现油井，在一定程度上缓解了当时我国石油紧张的状况。但这些油田的开发量仍然不足，而且西部地区交通不便，原油运输困难，无法完全解决我国石油短缺的问题。

1959 年 9 月 26 日，中华人民共和国成立十周年前夕，大庆油田被发现。一场波澜壮阔的石油大会战，孕育了"爱国、创业、求实、奉献"的大庆精神。

20 世纪 50 年代，对于我国广大的东部地区是否蕴藏着石油，地质学家们进行了广泛的研究。国外专家普遍认为，中国没有新生代海相沉积，许多证据都表明"中国陆相贫油"，是一个贫油国。但我国老一辈地质学家踏遍青山荒漠，寻遍森林沼泽，认为中国辽阔的大地上石油资源是丰富的，并提出有待进一步论证的陆相生油说。1953 年，谢家荣在《探矿的基本知识与我国地下资源的发现》一文中，认为"华北平原、松辽大平原下面也都可能有石油蕴藏"。1954 年李四光作了《从大地构造看我国石油资源勘探的远景》的报告，认为"华北平原与松辽平原的'摸底'工作是值得进行的"。1954 年，黄汲清、谢家荣、翁文波等人合编了《中国含油远景分布图》，把松辽平原划为三级可能含油区。1955 年，来自石油工业部、地质部、中国科学院的勘探队伍齐聚松辽盆地，开始对这一地区进行摸底勘探，结果表明该地区是一个含油远景极大的地区。

1958 年，党中央作出了石油勘探战略东移的决策，从此，中国石油勘探的重点逐渐从西部地区转移到东部地区。历经艰辛探索，1959 年 9 月，位于松辽盆地的松基三井喜喷工业油流，原油日产高达 10.758～14.928 吨，标志着大庆油田的发现。

为了彻底摸清松辽地区的地质构造和石油蕴藏量，1960 年在石油工业部的组织下，广大石油、地质工作者满怀豪情从祖国四面八方来到广袤的松嫩平原，展开轰轰烈烈的石油大会战。人们聚集在"青天一顶、荒原一片"的萨尔图地区，白天在野外进行高强度的勘探、钻井，晚上就在四面透风的帐篷里休息。在极其艰苦的条件下，以王进喜为代表的石油工作者发扬了"铁人"精神，喊出了"宁可少活 20 年，拼命也要拿下大油田"的口号，用最快的速度建成了大庆油田。一次, 当钻井钻到约 700 米时, 突然发生井喷, 情况十分紧急。工人们用加水泥的办法来压制井喷, 但是没有搅拌器, 水泥和泥浆无法充分混合。千钧一发之际, 王进喜奋不顾身地跳进泥浆池, 尽全身之力晃动着身体, 用身体搅拌泥浆 (见图 1-4)。在王进喜的精神感染下, 其他工人纷纷跳入泥浆之中。最终, 全队工人经过奋战, 成功压住了井喷, 在大庆迅速掀起了 "学铁人、做铁人、为会战立功" 的热潮。1960 年 6 月, 大庆油田产油开始外运, 长垣巨型含油构造一步步被探明, 年底大庆油田原油生产就达到 97 万吨。此后, 全国石油产量不断攀升。1963 年, 周恩来总理在第二届全国人大四次会议上宣布: 中国人民使用洋油的时代, 即将一去不复返了!

图 1-4 用生命开采石油的 "铁人" 王进喜

大庆精神, 薪火相传, 被不断赋予新的时代内涵, 激励着一代代人接力奋斗。如今, 依靠科技创新和技术支撑, 大庆油田 "走出去" 实现新跨越, 海外业务进入中东、中亚、亚太、非洲和美洲五大区域, 海外权益产量达到千万吨级规模。实现二氧化碳封存利用、建设碳中和林、每年达标处理 6 亿吨含油污水……聚焦高质量发展, 推进生态环境保护和碳中和目标的实现, 持续深化改革, 大庆精神的时代内涵愈加丰富。大庆油田的卓越贡献已经镌刻在伟大祖国的历史丰碑上, 大庆精神已经成为中华民族伟大精神的重要组成部分。

2. 胜利油田：我为祖国献石油

1955 年，华北石油人在广袤的华北平原上开展大规模石油地质普查工作，探寻着新中国工业发展急需的石油。但从华一井到华六井均是空井，没有任何油气存在的迹象。直到 1960 年，在山东商河县境内开钻的华七井发现了生油层，为华北平原一度黯淡的石油勘探带来了转机。

1960 年 10 月，32120 钻井队来到渤海湾，在一眼望不到头的盐碱地上，传承艰苦奋斗的优良传统，靠手拉肩扛，硬生生把上百吨重的生产设备运送到井场（见图 1-5），将井架矗立在渤海湾畔的天地之间。恶劣的自然环境和艰难的生活条件没有吓倒初来乍到的石油人，没有房子住就住在牛棚羊圈里，每月粮食不够吃就吃地瓜干、棉籽饼。

图 1-5　胜利石油大会战场景

1961 年 3 月，当井深钻至 1194 米中途起钻时，突然发现卡在油轮上的一块褐黑色油砂。4 月 16 日，随着"试油"命令下达，一股褐色油柱从井管内突然喷涌而出，划破长空。经过 2000 多个日夜奋斗，终于迎来了华北平原地下喷出的第一股工业油流，外国专家"华北无油论"不攻自破，开辟了我国华北平原找油找气的新纪元。

1961年7月，石油工业部决定，集中力量对已见油的东营凹陷进行重点勘探。1962年9月，营二井产生剧烈井喷，天然气、原油、泥浆从井口喷涌而出，日产工业油流555吨，刷新了当时我国日产原油的最高纪录。1964年1月，中央决定组织华北石油勘探会战，石油工业部迅速从大庆、玉门、青海、新疆、四川等地调集会战队伍，到1966年增至26400多人。石油大会战初期条件非常艰苦，会战大军硬是靠着不屈的精神，建设起一个大油田。

1965年1月，在胜利村构造的坨十一井试油放喷，日产原油1134吨，这是全国第一口千吨井，胜利油田由此得名。原油产量从1966年的134万吨，上升到1978年1946万吨，平均每年以27.9%的速度增长，建成我国第二个大油田。

1978年，党的十一届三中全会吹响了改革开放的号角，国民经济蓄势待航，石油需求大增。可就在这时，胜利油田的发展却遇到了瓶颈。在勘探开发十多年后，此时的胜利油田地下油气分布却呈现出"忽油忽水、忽稠忽稀、忽深忽浅、忽轻忽重、忽有忽无"的"五忽"现象，复杂多变的地质状况让胜利人一时不知所措。1979—1981年，原油产量连续下降。

1983—1994年，胜利油田相继发现23个油气田。会战孤东，鏖战滨海，开发埕岛，高潮迭起。十年间，探明石油地质储量20.58亿吨，年探明储量最高达到4.1亿吨，奠定了油田持续高效勘探的基础，实现了油田产量的跨越增长。1986年3月，胜利油田集中55台钻机，展开了轰轰烈烈的孤东大会战，不到半年时间就建成了年生产能力500多万吨的大油田。

六十多年来，胜利油田从陆地到海洋、从东部到西部，共发现81个油气田，探明石油地质储量55.87亿吨、天然气地质储量2663亿立方米。胜利油田的开拓者们践行了"我为祖国献石油"责任使命，累计为国献油12.5亿吨。

📖 二、思政要点解析

石油能源建设对国家意义重大。我国作为制造业大国，要发展实体经济，能源的饭碗必须端在自己手里。这是对历史经验的深刻总结，是着眼现实的深刻洞察，更是面向未来的深刻昭示。经过七十多年的自力更生、艰苦奋斗，我国能源事业实现了从百废待兴到快速发展，逐步建成较为完备的能源工业体系。改革开放以来，为适应经济社会快速发展需要，我国已成为世界上最大的能源生产和消费国，也是能源利用效率提升最快的国家。"惟其艰难，才更显勇毅；惟其笃行，才弥足珍贵"。以石油工业为代表的中国能源事业的发展，创造了令世人瞩目的辉煌业绩，挺起了民族工业的脊梁。

如今，把能源的饭碗端在自己手里，不仅意味着大力保障能源供给，还要推动能源清洁低碳转型、实现高质量发展。更好地端牢能源的饭碗，必须立足以化石能源为主的基本国情，抓好清洁高效利用，增加新能源消纳能力，建设清洁低碳、安全高效的能源体系，提高能源供给保障能力。今日之中国，从西北地区一望无际的太阳能光伏板，到草原地区矗立的巨型风车，再到来往穿梭的新能源汽车……能源清洁低碳转型呈现出蓬勃生机，能源领域的创新正方兴未艾。老一辈石油人展现出来的"爱国、创业、求实、奉献"大庆精神，具体来说就是讲求科学、"三老""四严"的求实精神，为国争光、为民族争气的爱国主义精神，独立自主、自力更生的艰苦创业精神，胸怀全局、为国分忧的奉献精神。当代能源动力类大学生应继续发扬这种精神，为加快构建清洁低碳、安全高效的能源体系作出自己的贡献。

案例 1-3 超级工程夯实大国能源底气

📖 一、案例内容

1. 三峡工程：高峡平湖铸国器

"截断巫山云雨，高峡出平湖"。早在 1919 年，孙中山先生在《建国方略之二——实业计划》中就提出在三峡建坝的设想。新中国成立后，经过几十年反复论证，举世瞩目的长江三峡水利枢纽工程于 1994 年正式开工。1997 年大江截流，三峡工程一期完成。2008 年，三峡工程的主体工程基本完成，成为世界上最大的水利枢纽工程，水库正常蓄水位 175 米，总库容 393 亿立方米；水库全长 600 余千米，平均宽度 1.1 千米；水库面积 1084 平方千米。

修建三峡工程的首要目标是防洪。长江流域洪水灾害分布广、损失大，尤以中下游平原地区最为严重。"万里长江险在荆江"，三峡工程紧邻长江防洪形势最为严峻的荆江河段，能直接控制荆江河段洪水来量的 95% 以上，武汉以上洪水来量的 67% 左右。三峡水利枢纽能有效地控制长江上游洪水，可使荆江河段防洪标准由十年一遇提高到百年一遇，减轻中下游的洪水威胁和洪灾损失。其次是提供清洁电力。三峡水电站的建设，能为经济发达但能源不足的华东、华中和华南地区提供电力。最后是改善长江航道。经三峡水库调节，可改善宜昌至重庆 660 千米的长江航道，万吨级船队可直达重庆港。

三峡工程的决策是一段漫长的历程，更是审慎、科学、民主决策的过程。新中国成立之初，开始部署研究三峡工程的建设问题。经过长期勘测、科研、设计和试验，直到 1983 年三峡工程的可行性研究报告（坝高 150 米方案）才获得国务院原则批准。此后，有关部门、地方和社会各界人士提出了各种意见建议，中央领导同志多次深入三峡实地考察。在此期间，全国 412 位专家、学者对三峡工程作进一步论证，既有长期参加三峡工程研究的专家，又有新加入的专家；既有赞成兴建三峡工程的专家，又有持不同意见的专家；既有水电系统内的专家，又有其他系统的专家。其间，全国数千名科技人员集中展开科技攻关和专题研究，取得了 400 多项研究成果。根据论证成果，《长江三峡工程可行性研究报告》重新编制，得出了三峡工程"建比不建好、早建比晚建有利"的结论。

1992 年 4 月，第七届全国人民代表大会第五次会议通过了《关于兴建长江三峡工程决议》。至此，三峡工程迎来开工兴建的历史性时刻！国家各地区、各部门、广大建设者和库区人民顾全大局、齐心协力、密切配合，奏响了共建这个世界级水利工程的时代壮歌。

国家有关部委先后出台库区产业发展基金、水库移民后期扶持基金等重大优惠扶持政策，相关省市制定出台优惠政策，妥善安置三峡外迁移民。20个省（自治区、直辖市）、10个大城市、50多个部门和单位支援库区的移民搬迁安置工作，形成全社会、全方位、多形式、宽领域支持库区移民开发和安置的良好局面。移民搬迁工作于1993年正式开始，截至2009年累计搬迁安置库区移民129.64万人。

数十万建设者从四面八方汇聚三峡。枢纽工程1993年1月开始施工准备，2008年10月主要工程完工，汛末开始实施正常蓄水位175米试验性蓄水，最后一个单项工程三峡升船机于2019年12月通过验收（见图1-6）。输变电工程于1997年开工建设，2011年按照批准的建设任务全部建成投产。

图1-6 三峡水电站

三峡水电站装机总容量2250万千瓦。截至2023年7月，三峡水电站首台机组投产发电整20年，三峡水电站累计发电量达16 000多亿千瓦时，为华东、华中、华南等地区人民的生产生活提供了可靠、廉价、清洁的电力，各个区域电网之间可以获得事故备用和负荷备用容量，提高了电网的安全性和经济性，成为我国重要的可再生能源生产基地。同时，工程的建成和电力系统规模的扩大，使电网动态调节性能得到改善，抵御事故冲击的能力得到提高，并为推动全国范围的电力市场建设和电力交易创造了有利条件。

2. 西气东输：气贯神州惠民生

改革开放后，能源工业迎来了快速发展的春天。但在相当长一段时间里，我国能源结构并不合理，煤炭在一次能源生产和消费中的比重均达到约70％。大量燃煤使大气环境不断恶化，发展清洁能源、调整能源结构已迫在眉睫。20世纪末，我国多数家庭仍在使用蜂窝煤，少数家庭能够用上液化石油气；而在有管道气供应的城市，大多数用的也是合成气。我国西部地区塔里木、柴达木、陕甘宁和四川盆地蕴藏着丰富的天然气资源，约占全国陆上天然气资源的87％，其中塔里木盆地占比高达22％。然而，国内天然气行业仍在起步阶段，并且下游天然气市场也尚未形成。为了更好地促进西部地区经济社会发展，改善东部沿海地区的生态环境，助力我国经济实现可持续发展，"西气东输"工程被提上议事日程。

1998年10月，国家发展计划委员会批复同意中国石油集团公司开展西气东输建设项目预可行性研究的请示。1999年8月，到塔里木油田考察的专家一致认为，塔里木油田已经初步具备了作为西气东输资源基地的条件，希望继续加快天然气勘探步伐，加快气藏描述工作，为西气东输做好充分准备。1999年12月，国家经济贸易委员会组织考察了塔里木油田天然气资源，随后向国务院提交了一份报告，提出塔里木盆地的天然气作为西气东输的气源是经济合算的，可以建设年输送能力在200亿立方米左右的管道项目，将气从塔里木外送到上海。

2000年2月，国务院总理办公会议听取了关于西气东输工程资源、市场及技术、经济可行性等论证汇报。当时国内天然气产量仅为272亿立方米，天然气占一次能源消费的比例不过3％，全国的高压管道不过2万千米，大部分为连接单一气田与单一用户而建。在这样简陋的上下游条件下，建设一条世界级的长输管线，其挑战空前，质疑之声自然不会少。上游天然气的储量和可能的产量到底有多少？管网建设完成后会不会没有气供应？新疆到上海四千多千米，如此长距离外送天然气，经济上到底划不划算？建成之后没有效益怎么办？由于塔里木盆地是西气东输一线的气源地，塔里木盆地天然气资源量对于项目论证决策至关重要。当时上游最主要的发现是克拉 2 特大型气田，产量在 1000 多万立方米/天，已经为开展西气东输打下了一定的基础。克拉 2 附近还有一些具有开发前景的气田，这些气井位于塔克拉玛干沙漠的北侧。虽然当时有的气井还没有完全掌握可采储量，但可以预计这里的天然气资源量是非常可观的。最终，本次会议强调指出，启动西气东输工程是造福新疆各族人民的大好事，也是促进沿线 10 省区市产业结构和能源结构调整、经济效益提高的重要举措。

从 2000 年 3 月起，西气东输工程的项目设想、论证、实施、建设工作陆续完成，中国西部大开发伟大战略和国家能源结构调整重要基础设施建设的全面开启。20 多年来，西气东输一、二线工程累计投资超过 2900 亿元，是当时投资最大的基础建设工程；一、二线工程干支线加上境外管线，长度达到 15000 多千米，是世界距离最长的管道工程。之后，三线、四线纷纷上马，中亚、缅甸天然气通过跨境管道进入中国，"西伯利亚力量 1 号"中俄东线天然气管道也在 2014 年 5 月确定建设，2019 年底投产通气，目前已向中国累计输送超过 300 亿立方米天然气。

西气东输工程成为促进我国经济发展、调整能源结构、改善生态环境、造福人民群众的能源大动脉，穿越的地区包括新疆、甘肃、宁夏、陕西、河南、湖北、江西、湖南、广东、广西、浙江、上海、江苏、安徽、山东和香港特别行政区，惠及人口近 5 亿。天然气进入千家万户，不仅让人民群众免去了烧煤、烧柴和换煤气罐的麻烦，而且对改善环境质量具有重大意义。仅以一、二线工程每年输送的天然气量计算，就可以减少燃煤消耗 1200 万吨，减少二氧化碳排放 2 亿吨，减少二氧化硫排放 226 万吨。

3. 特高压：能源巨网送绿电

我国幅员辽阔，能源分布极不均匀。可开发的水能资源主要分布在西南部，煤炭储藏的 76% 分布在北部和西北部，而中东部省份煤炭储藏量很少。太阳能资源丰富区集中在青藏高原和新疆、甘肃、内蒙古一带，绝大部分风能资源分布三北（东北、华北、西北）地区。因此，很多的发电设施都建设在西部、北部地区。

然而，这些地区的人口相对来说比较稀少，经济发展也相对比较落后，无法消纳所生产的电力，并且电力资源也不容易储存。

我国中东部地区人口集中、经济发展较快，集中了全国 70% 的用电负荷。2004 年，在全国各省市都出现了用电荒的现象，电力缺口高达 3000 万千瓦。广东、江苏、浙江、上海等用电大省（市）纷纷出现了拉闸限电的现象。为解决电力资源与负荷中心分布不均匀的矛盾，满足人民群众日益增长的电力需求，国家采取输煤和输电两个策略。

一是输煤策略，先要把煤矿挖出来的煤装上火车，长途奔袭上千千米到达港口（大同—秦皇岛），卸在码头上临时储存；再装到万吨级的轮船上，从海上长途运输到目的地港口（江苏、上海、广东等地），又要卸煤、储存；最后再装上火车等运输工具才运到当地的火电厂储煤场，卸下储存待用。整个输煤过程要经过三装三卸，中途还要储存，要借助火车、轮船这些运输工具，所以运输成本很高，往往超过坑口煤价。

二是输电策略，即用西部的煤炭、水力资源、可再生能源就地发电，再通过输电线路和电网把电送到中东部地区。进行长距离输电，最主要就是要处理好在输电的过程中电量的损耗问题。主要方法是提高电压，减少线路损耗，加大经济输送距离。特高压是指 ±800 千伏及以上的直流电和 1000 千伏及以上的交流电。采用特高压输送具有容量大、送电距离长、线路损耗低、占用土地少等优点，是开发西部能源资源、实施"西电东送"工程的必然选择。

2005 年初，国家电网公司召开专门会议，对特高压工程启动进行决策。2005 年 6 月，国家发展改革委组织专家就我国建设特高压输电网络的可行性进行讨论，认为在遵循客观规律的基础上可以开展特高压示范工程。经过艰苦努力和富有成效的工作，我国特高压输电技术研究取得重大进展，解决了实验示范工程的全部关键问题。2006 年 8 月，国家发展改革委正式下达了《关于晋东南至荆门特高压交流试验示范工程项目核准的批复》，正式核准特高压交流输电工程建设。

2009 年 1 月，我国自主研发、设计和建设的具有自主知识产权的 1000 千伏交

流输变电工程——晋东南—南阳—荆门特高压交流试验示范工程顺利通过试运行
（见图 1-7）。这条世界上首次投入运营的特高压交流线路全长 640 千米，电压等
级为当时世界最高，输送的电能是 500 千伏线路的 5 倍，输送过程的电能损耗和
占地面积都可以节省一半以上，整个工程的投资比 500 千伏的线路节省三分之一。
这标志着我国在远距离、大容量、低损耗的特高压核心技术和设备国产化上取得
重大突破，对优化能源资源配置、保障国家能源安全和电力可靠供应具有重要
意义。

图 1-7　晋东南—南阳—荆门特高压交流线路荆门变电站

2007 年 12 月，我国第三条特高压输电工程——四川—上海±800 千伏特高压
直流输电示范工程动工。这条输电线路承担着金沙江下游大型水电基地的送出任
务，起于四川宜宾（见图 1-8），止于上海奉贤，途经四川、重庆、湖北、湖南、
安徽、浙江、江苏、上海 8 省市，线路全长 1907 千米。2010 年 7 月该项目正式投
入运行，标志着我国电网进入特高压交直流混合电网时代。世界首条千万千瓦级
的特高压直流输电工程——锡盟—泰州±800 千伏特高压直流输电工程于 2015 年
12 月开工，2017 年 9 月建成投运。该工程是国家大气污染防治行动计划"四交四
直"特高压工程的重要组成部分，是连接中国西部煤电基地和东部负荷中心的能
源大通道，途经内蒙古、河北、天津、山东、江苏 5 省（市、区）。

图 1-8　四川—上海特高压直流输电线路宜宾复龙换流站

特高压交流输电网能为特高压直流系统安全稳定运行提供坚强的支撑作用。受到我国能源与负荷分布、地理特征等固有特性影响，直流输电技术在我国大型能源基地电力远距离、大容量外送中发挥着重要作用。在世界范围内，我国已投产建设的直流输电工程最多、输电规模最大，且集中落点于东部、南部负荷密集地区。如此密集的直流输电馈入规模，在世界上绝无仅有，需要坚强的交流电网提供支撑才能正常运行，构建"强交强直"混合电网，交直流相互补充、相互支撑，才能充分发挥各自的功能和优势。截至 2022 年底，我国国家电网已经累计建成 33 项世界先进的特高压输电工程。"十四五"期间，国家电网将建设特高压工程"24 交 14 直"，在保障电力供应、促进清洁能源发展、改善环境、提升电网安全水平等方面发挥重要的作用。

二、思政要点解析

能源是人民生活的必需品，能源供应品质和保障水平，切实关系到民生福祉。当前，我国社会主要矛盾已经转化为人民日益增长的美好生活需要和不平衡不充分的发展之间的矛盾。以人民为中心的发展思想，是我国能源发展的根本遵循。

目前，我国基本形成了煤、油、气、电、核、新能源和可再生能源多轮驱动的能源生产体系，构建了安全经济的能源输配网络。截至 2022 年底，国内建成油气长输管道总里程累计达到 18 万千米，长输天然气管道总里程 12 万千米、石油管道总里程约 6 万千米、330 千伏及以上输电线路回路长度 88 万千米。三峡工程、西气东输、特高压输电这些超级能源工程的建设，都体现了以人民为中心的发展理念，解决能源基地与负荷中心的逆向分布问题，实现能源结构的优化升级，对我国的民生改善、经济发展有着不可替代的意义。

随着中国特色社会主义进入新时代，我们比历史上任何时期都更接近、更有信心和能力实现中华民族伟大复兴。新时代催生新使命，新矛盾提出新要求。当代青年应充分认识到，从"满足基本供应"到"满足美好生活需要"，从"落后的能源生产"到"不平衡不充分的发展"，问题的对焦更精准，能源动力类大学生的责任与使命更加清晰。当代大学生在专业课程学习中，应坚持"以人民为中心"的价值理念，在理解能源动力类专业知识实用性的同时，注重强化这种"实用"基于"对人民有益"这个基础。如此，所学专业知识才能为新时代中国特色社会主义的具体实践建设服务，激发大学生的理想抱负和家国情怀，帮助学生树立正确的成才观。

案例 1-4 清洁低碳引领能源绿色转型

一、案例内容

1. 世界最大清洁能源走廊

随着 2021 年 6 月白鹤滩水电站开始投产发电，我国长江干流乌东德、白鹤滩、溪洛渡、向家坝、三峡、葛洲坝 6 座梯级水电站构成了"世界最大清洁能源走廊"。白鹤滩水电站全面投产后，长江干流建成投产的水电机组达到 110 台，总装机容量达 7169.5 万千瓦，相当于三个三峡水电站的装机容量，年平均发电量约 3000 亿千瓦时。世界最大清洁能源走廊发电总量大，调峰能力强，可有效缓解华中、华东地区及四川、云南、广东等省份的用电紧张局面，为"西电东送"提供有力支撑，为优化我国能源结构、促进节能减排、助力经济社会高质量发展提供强大"绿色引擎"。

金沙江位于长江上游，因其呈黄色而得名，全长 3464 千米，落差约 5100 米，水能资源理论蕴藏量 1.21 亿千瓦。其中，攀枝花到宜宾的金沙江下游河道长 783 千米，落差 729 米，是我国最集中、规模最大的水电能源基地。乌东德水电站、白鹤滩水电站、溪洛渡水电站、向家坝水电站为金沙江上的四大水电站。其中，前三个电站大坝均为混凝土拱坝，最大坝高分别为 270 米、289 米、285.5 米，在世界 7 座坝高 270 米以上的特高混凝土坝中，分别排名第七、第三、第四位；向家坝水电站大坝为重力坝，最大坝高 162 米。四座电站装机容量分别为 1020 万千瓦、1600 万千瓦、1386 万千瓦和 640 万千瓦，装机容量分别在世界前十二大水电站中占据了第七、第二、第四和第十一位。白鹤滩水电站建成后，成为仅次于三峡水电站的中国第二大水电站。向家坝水电站至上海的 ±800 千伏直流特高压国产化示范工程是国内输送电压等级最高最先进的电力系统之一。

向家坝和溪洛渡水电站（见图 1-9）分别于 2012 年和 2013 年实现首批机组投产发电，2020 年乌东德水电站首批机组投产发电，2021 年白鹤滩水电站首批机组投产发电。四座世界级水电站相继投产发电，发挥出巨大的经济效益和生态效益。截至 2022 年 6 月底，四座水电站已累计发电 9034 亿千瓦时。乌东德水电站机组全部实现国产化，从葛洲坝、三峡、乌东德、溪洛渡、向家坝到白鹤滩水电站，我国沿长江而上建成了世界最大清洁能源走廊。

新中国成立以来，中国水电实现了从艰难起步到奋起直追再到超越引领的历史性跨越。当今中国水电在建设规模、经济效益、规划设计、装备制造方面均处于世界领先水平，我国也成为世界上水电在建规模最大、发展速度最快的国家。

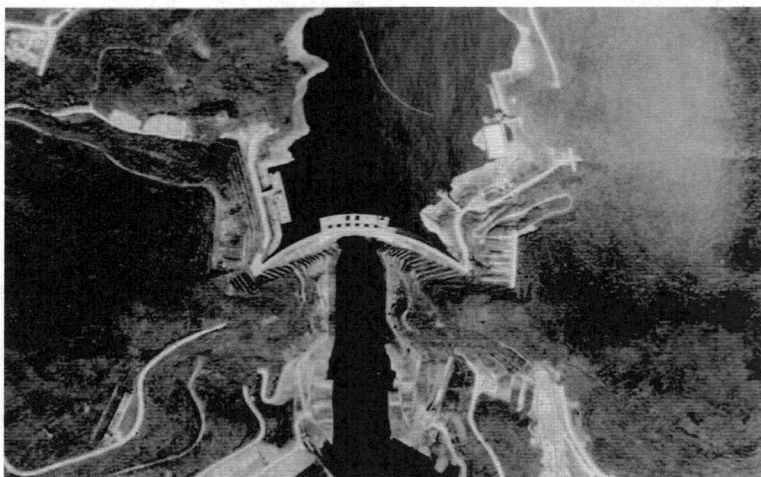

图 1-9 溪洛渡水电站

2. 戈壁荒滩成了"蓝色海洋"

青海省海南、海西自治州海拔近 3000 米，茫茫戈壁荒滩、人迹罕至。随着太阳能发电的兴起发展，这里换了模样：大片光伏板、聚光反射镜取代了光秃秃的沙石地面，一望无边的戈壁荒滩变成了"蓝色海洋"。这里阳光辐射强烈，夏季白天日照长达 14 小时，发展太阳能发电有着得天独厚的优势。

青海省海南藏族自治州共和县塔拉滩生态光伏园总装机容量 9000 多兆瓦，年均发电 96 亿千瓦时。这是目前全球最大的集中发电光伏电站群。然而，电网需要平滑稳定的电源，但光伏发电存在间歇性、波动性和随机性的问题。如果遇到阴雨天，光伏发电就会受到影响。距离塔拉滩生态光伏园约 40 千米就是龙羊峡水电站，在这里，能够找到克服光伏发电弱点的秘诀。在中控室内，通过智能调节系统，水电站和光伏电站的即时发电情况一目了然，实现了电能的"水光互补"。当太阳光照强时，用光伏发电，水电停用或少发；当天气转阴或夜晚时间，用水力多发，以弥补天气变化对光伏电站发电的影响，从而提高光伏发电质量，获得稳定可靠的电源。截至 2023 年 6 月底，我国累计光伏发电装机容量已经达到 4.7 亿千瓦，持续保持世界第一。与之相应的是我国光伏全产业链快速发展，有力拉动了经济增长。

在青海省海西州德令哈市 3.3 平方千米的戈壁滩上，一座大型的塔式太阳能热发电站拔地而起（见图 1-10）。该项目是国家首批光热发电示范项目之一，装机容量 50 兆瓦，配置 7 小时熔盐储能系统，镜场采光面积 54.27 万平方米，设计年发电量 1.46 亿千瓦时。电站于 2017 年 3 月开工建设，并于 2018 年 12 月并网发电。单日运行记录显示，吸热器出口熔盐温度达到 569℃（设计值 565℃）；热盐罐平均温度达 560.5℃，主蒸汽温度和压力分别为 542.5℃/13.26MPa（设计值 540℃/13.2MPa），聚光、吸热、储热、换热、发电等各子系统设备运行稳定。自 2019 年 7 月移交生产运行以来，电站不断优化运行策略，截至 2023 年底已累计发电 5.739 亿千瓦时。作为我国完全自主化开发的太阳能热电站，青海德令哈电站的运行表现充分验证了自主研发的光热发电技术的先进性以及国产化装备的可靠性。

图 1-10 青海中控太阳能发电有限公司德令哈 50MW 太阳能热发电站

3. 海上风电将成为发展重点

从东海之滨到青藏高原，从南国山地到塞北大漠，我国风电产业走过了近 40 年"上山下海"的"拓荒"之路。国家能源局统计数据显示，截至 2022 年底，我国风电并网装机容量已突破 3.5 亿千瓦，是 2022 年底欧盟装机容量的 1.7 倍、美国的 2.5 倍，稳居世界第一。

我国发展海上风电拥有天然优势，而大力开发海上风电也成为行业破局的必然选择。我国拥有超过 1.8 万千米的大陆海岸线，可利用海域面积超过 300 万平方千米，5~50 米水深、70 米高度的海上风电可开发资源量约为 5 亿千瓦；考虑到 70 米以上的技术开发能力，实际可开发资源量更多。海上风速高，风机单机容量大，年运行小时数最高可达 4000 小时以上，海上风电较陆上风电具有更高的能源效益；海上风电场远离陆地，不受城市规划影响，也不必担心噪声、电磁波等对居民的影响。紧邻东部负荷中心的海上风电大规模开发，能够减轻"西电东送"通道建设压力，与"西电东送"的水电还能在出力上形成季节互补。特别是，我国东南沿海区域风能资源非常丰富，有效的风能密度高于 200W/m²。"十三五"以来，我国近海海上风电进入规模化发展阶段，主要分布于广东、江苏、辽宁和福建等地区（见图 1-11）。

图 1-11　海上风电场（福建平海湾二期）

在江苏如东海岸线约 30 千米的海面上，盛东如东 H3 海上风电场的 80 台 5 兆瓦风电机组屹立于海天之间。整个如东海上风电场总装机量达 70 万千瓦，每年上网电量 18.9 亿千瓦时。然而，海上风电建设时困难也不少，海水波动起伏，风机吊装是难度最大、精度要求最高的环节。建设者们根据潮汐变化规律选择吊装时间，同时密切关注天气变化，抓住有利作业时机完成高空的"穿针引线"。在风电装备上，多家企事业单位联合开展了国产化 5 兆瓦高速永磁型和

7兆瓦直驱型机组等的研产工作，实现了叶片、主轴承、PLC主控系统等一系列核心关键部件的国产化。

"十三五"期间，海上风电产业对沿海县域经济的拉动作用明显，福建平海、广东阳江、江苏如东等地都在打造世界级海上风电基地，部分风能积聚区域年产值已超过100多亿元，成为地方经济支柱产业。根据各省规划，到2035年，我国海上风电装机将达到1.3亿千瓦左右，与我国目前西电东送容量相当，将对促进我国能源结构转型和构建清洁低碳、安全高效的现代能源体系发挥举足轻重的作用。

4. 核能热电联产开启零碳供暖

自1985年我国首座核电站（秦山核电站）开工建设以来，我国核电发展规模和质量迈上了新台阶。截至2022年底，我国大陆地区在运核电机组有53台，装机容量为5563万千瓦；在建核电机组数为23台，装机容量为2549万千瓦，在建机组数保持全球领先。2021年1月，"华龙一号"全球首堆——福建福清核电5号机组，在完成满功率连续运行考核之后，正式投入商业运行。这标志着我国在三代核电技术领域跻身世界前列，中国核电事业逐步实现了从"跟跑""并跑"到"领跑"的历史性跨越。

在我国核电发展之初，采取的是"两条腿走路"的发展路线：一条是引进国外技术，有经验可参考，核电站工程很快就能落地，但核心技术受制于人，不能出口；另一条是自主研发，所需人力、财力巨大，研发周期长。在引进技术上，我国早期的核电关键设备，大到压力容器，小到一根电缆、一颗螺钉都需要进口，经常被"卡脖子"，严重制约着我国核电发展。"华龙一号"从1997年开始研发，研制团队坚持自主研发、自主设计、自主制造，走出了一条国产化核电发展的成功之路。目前，所有核心设备均已实现国产，完全具备了批量化建设和独立出口的能力。

在核能领域，一批新业态、新模式正在涌现，我国能源企业正在加快运用新技术、新思路研发新产品、拓展新业态、开辟新模式，从而推动经济创新发展。在山东海阳,"暖核一号"供暖工程于2021年11月正式投运,海阳成为全国首个"零碳"供暖城市。这是国家电力投资集团公司建设的核能供暖工程,覆盖海阳全城区的20万居民。核能供暖是从核能发电机组抽取乏气作为热源,通过厂内换热器换成高温水,高温水再经过管网输送到各供暖公司的换热站进行隔离换热,后送至各小区换热站。整个过程只有热量的传递,没有水的交换,确保安全可靠。项目投运后,海阳核电1号机组成为目前世界上最大的热电联产机组,取代了当地12台燃煤锅炉,每个供暖季减排二氧化碳18万吨。

二、思政要点解析

推动能源绿色生产和消费转型,对改善能源结构、保护生态环境、实现经济社会可持续发展和实现碳达峰碳中和都具有重要意义。党的十八大把生态文明建设纳入我国社会主义建设"五位一体"总体布局,2013年国务院颁布"大气十条",把调整能源结构、减少煤炭消费和增加清洁能源供应作为控制大气污染的重要措施。2015年中国与世界其他各国一起促成了《巴黎协定》的达成和生效,并向全球承诺,2030年单位国内生产总值二氧化碳排放比2005年下降60%～65%、非化石能源占一次能源消费比重达到20%左右、森林蓄积量比2005年增加45亿立方米。这些都为可再生能源的发展提出了新的目标和任务。

目前,我国已建成全球最大的可再生能源开发利用系统,连续多年保持水电、风电、太阳能发电等全球最大新增市场位置,电解水制氢、核能热电联产、地热供暖等清洁能源应用稳步推进,清洁能源领域新技术、新产品、新业态、新模式快速涌现,成为推动全球清洁能源发展的重要力量。我国提出的"双碳"战略目标,也进一步明确了我国能源清洁低碳发展的战略导向。党的二十大明确提出"推动能源清洁低碳高效利用,推进工业、建筑、交通等领域清洁低碳转型",同时提出到2035年"广泛形成绿色生产生活方式,碳排放达峰后稳中有降,生态环境根本好转,美丽中国目标基本实现"。一路走来,中国清洁能源的发展是一段追赶超越的历程。这背后离不开千千万万扎根于清洁能源领域的科研人员和一线建设者，正是他们的攻坚克难、辛劳付出，让清洁能源的装机容量、装备制造、技术能力全球领先，绿色平价电力真正走进千家万户。

身为新时代的能源动力类大学生，应清晰地认识到，可再生能源作出更大的贡献依然任重道远。一定程度上，当代大学生的知识能力决定了未来我国能源绿色转型的成败。所以，青年一代应当奋发图强，只争朝夕，在学习期间努力为未来打好基础，做世界能源新技术的领跑者。

案例 1-5　农村能源清洁转型发展之路

📖 一、案例内容

1. 农村清洁能源的追赶之路

新中国成立初期，为解决农村生产生活能源短缺问题，政府积极发展农村可再生能源技术，包括小水电、沼气和薪炭林等。沼气至今在许多农村地区仍然发挥着重要的作用。20 世纪 80 年代初，国务院成立农村能源领导小组，统一协调多个部门，利用可再生能源解决农村能源供应问题，提出了"因地制宜、多能互补、综合利用、讲求效益"的方针，这一提法至今仍具有指导意义。

1973—1974 年第一次石油危机爆发，人们意识到化石能源总有一天会耗尽的，需要未雨绸缪，积极寻找替代能源。1980 年前后，国务院先后批准组建了中国科学院能源研究所（现国家发展和改革委员会能源研究所）等多个能源研究机构，并在中央政府的综合部门设立了可再生能源处，开始全面研究和部署可再生能源发展问题。"七五"期间，农村能源列入国家发展计划纲要，确立了100 个农村综合能源规划建设试点，并着手组织进行了基于小水电的农村电气化试点县建设。

"八五"期间，国家"973""863"等科技攻关计划亦包含可再生能源项目，可再生能源单独编制计划，国家开始有计划地实施可再生能源开发。1997 年，国家三部委首次颁布国家可再生能源发展计划。国家计划委员会（以下简称国家计委）启动"乘风计划"和"光明工程"，国家经济贸易委员会启动"双加工程"，分别支持风电和光伏示范项目。国家电力公司也启动相关项目，利用光伏发电解决西藏无电县城的供电问题，通过项目计划扶持了一批风电和光伏发电企业的发展。

2002 年，中国政府核准了《京都议定书》，承诺通过提高能源效率、发展可再生能源、植树造林等措施，降低温室气体排放，减缓气候变化。"九五"期间，国家开始有计划地发展可再生能源，国家计委启动了送电到乡工程，利用可再生能源解决无电地区的供电问题。

2006 年 1 月实施的《可再生能源法》，推动了中国非水可再生能源的快速发展。此后，我国进入了可再生能源快速发展时期，市场规模不断壮大。可再生能源开发利用取得明显成效，水电、风电、光伏发电等能源种类累计装机规模均居世界首位。可再生能源在能源结构中占比不断提升，能源消费结构向清洁低碳加快转变。

2. "光伏扶贫" 点亮小康生活

光伏扶贫是国务院扶贫办 2015 年确定实施的"十大精准扶贫工程"之一，同时也是将扶贫由"输血"转为"造血"的创新工程。在光照资源条件较好的地区因地制宜开展光伏扶贫，既有利于扩大光伏发电市场，又有利于促进贫困人口稳收增收。2016 年，《关于实施光伏发电扶贫工作的意见》出台，下达了第一批光伏扶贫项目建设计划，全面推进光伏扶贫工作。截至 2020 年底，光伏扶贫工程形成了主要包括地面光伏电站、户用光伏系统和村级光伏电站三种形式的光伏电站，累计建成光伏扶贫电站 2636 万千瓦，惠及 6 万个贫困村、415 万贫困户，每年可实现电费和补贴收入约 180 亿元。

光伏发电清洁环保，技术可靠，收益稳定，既适合建设户用和村级小电站，也适合建设较大规模的集中式电站，还可以结合农业、林业开展多种"光伏＋"应用。项目因地制宜，建设了各种类型的光伏电站，包括农光互补光伏发电系统、屋顶光伏光电系统、渔光互补光伏光电系统、山地光伏光电系统、地面光伏光电系统（见图1-12）。从各地的实践看，光伏精准扶贫主要有4种类型：一是户用光伏发电扶贫。利用贫困户屋顶或院落空地建设的3～5千瓦的发电系统，产权和收益均归贫困户所有。二是村级光伏电站扶贫。以村集体为建设主体，利用村集体的土地建设100～300千瓦的小型电站，产权归村集体所有，收益由村集体、贫困户按比例分配，其中贫困户的收益占比在60％以上。三是光伏大棚扶贫。利用农业大棚等现代农业设施现有支架建设光伏电站，产权归投资企业和贫困户共有。四是地面光伏电站扶贫。利用荒山荒坡建设10兆瓦以上的大型地面光伏电站，产权归投资企业所有，之后企业捐赠一部分股权，由当地政府将这部分股权收益分配给贫困户。以下介绍几个典型的案例。

红枣是山西省永和县的传统产业。为了解决红枣裂果问题，当地因地制宜，利用光伏大棚这一农业设施强力实施红枣光伏大棚试点项目。与常见的太阳能光伏发电不同，此项目把薄膜太阳能发电技术和红枣种植融为一体，形成了"光伏大棚"，这是国家光伏扶贫政策出台以来全国首家将光伏与农业相结合的扶贫项目。红枣光伏大棚除利用顶部发电外，棚下可开展林下经济，提高复种指数，改变种植模式，如蔬菜种植；也可进行家禽家畜养殖等，全面推进产业升级。同时，利用旅游资源优势，开展生态采摘、农家乐等旅游项目，提高设施附加收入。

位于"三江并流"世界自然遗产核心区的云南省怒江州兰坪县以及云南南部的红河县，有着丰富的光照资源，但因地处边远山区、交通不便等诸多因素，贫困一直困扰着当地经济社会发展。2015年10月，兰坪县和红河县的200户贫困户安装了薄膜太阳能屋顶电站，在正式并网发电后，这些家庭每年都能从屋顶电站中获得收益。

2016年4月，作为武汉市首个"光伏扶贫"项目试点村，武汉市黄陂区木兰乡富家寨村的光伏发电站正式并网发电。整个光伏发电项目占地面积1.7亩，当

图 1-12　各种类型光伏电站实景图

（a）农光互补光伏发电系统；（b）屋顶光伏光电系统；（c）渔光互补光伏光电系统；

（d）山地光伏光电系统；（e）地面光伏光电系统

年发电量 5 万千瓦时。

2018 年 10 月，中国海拔最高的村级光伏扶贫电站在黄河源头的青海省果洛藏族自治州玛多县并网发电。该扶贫电站于 2018 年 6 月开工建设，所在地海拔 4290 米，占地面积约 119 亩，装机容量 4.464 兆瓦，预计年发电量 680 万千瓦时。光伏发电收益将用于增加当地村集体及贫困户收入，惠及 11 个村 628 户 1686 名贫困人口。

📖 **二、思政要点解析**

农村能源建设在改善农村基础设施建设、增加农民就业、增强农村地区造血能力等方面效果显著，在促进农业提质增效和农民脱贫致富中发挥了重要作用。在全面推进乡村振兴新阶段，新能源产业将成为农村经济的重要补充和农民增收的重要渠道。2022 年对全面推进乡村振兴重点工作进行部署，提出要支持秸秆综合利用，推进农村光伏、生物质能等清洁能源建设。推进农村能源转型发展，大力发展农村新能源产业，建立多元农村能源供应体系，能够全面提升农村用能质量和水平，为巩固拓展脱贫攻坚成果、全面推进乡村振兴提供动力和物质基础。

光伏扶贫是中国政府有效应对气候变化、实施节能减排的创新之举，是新能源与脱贫攻坚的有效结合，是中国特色的扶贫模式。各地发挥光伏扶贫在脱贫攻坚和乡村振兴中的作用，根据贫困人口分布和光伏建设条件确定项目建设规模和布局，因地制宜制定光伏扶贫帮扶计划。在此背景下，光伏扶贫对保障我国的电力供应、支持农村地区脱贫致富、推动区域经济和社会发展等都发挥着重要作用。以光伏为代表的新能源扶贫政策，已成为实施科技扶贫、生态扶贫、精准脱贫的重要举措，有助于推动贫困地区能源结构转型和生活状况改善、促进实现乡村振兴。

案例 1-6 **"一带一路"上的能源命运共同体**

📖 **一、案例内容**

1. "印"在外国货币上的水电站

非洲西部的几内亚共和国水能资源非常丰富，是西非三大河流的发源地，素有"西非水塔"之称。勘测资料显示，该国水能资源完全开发后预计每年可产生清洁电力

630亿千瓦时。然而，截至2012年几内亚仅有4座水电站，装机容量仅10.17万千瓦。

从几内亚首都科纳克里向东北方向行驶近160千米，就到达密林覆盖的孔库雷河流域——凯乐塔，这里是几内亚水能最丰富的区域。白浪滔天的瀑布高低落差达40米，远远望去仿佛一个巨大的"勺子"，侧卧在美丽的孔库雷河上，是水电站的优秀选址。

2011年，中国专家对几内亚水电站项目进行了实地考察，勘定地形后立刻给出了水电站的建造方案。随后，几内亚与中国签订合约，由中国三峡集团总承包建设。2012年4月凯乐塔水电站项目正式开工，2015年9月提前竣工。经历将近4年的修筑时间，几内亚最终在中国的帮助下，实现了成为水电站大国的梦想。几内亚总统、刚果总统、尼日尔总统等多国领导人亲自前来观摩中国修筑的几内亚境内最大的水电站，并举行了隆重的庆祝仪式。

凯乐塔水电站总装机24万千瓦，年发电量9.65亿千瓦时，为几内亚首都和周边11个省区的400万几内亚人提供了丰富的电能，实现了人们家家灯火通明的夙愿。该水电站完全采用中国标准设计，被誉为几内亚"三峡工程"。这座水电站的建成，改善了当地电力紧缺的困局，为这个国家的经济发展注入了强劲动力。鉴于凯乐塔水电站对国家经济发展的重要贡献，几内亚将水电站图案印刷在该国最大纸币面值货币的正面（见图1-13），成为中国基建工程走向世界的靓丽名片。

图1-13 几内亚将水电站图案印在该国最大纸币面值货币上

2. 闪光在沙漠深处的太阳能电站

阿拉伯联合酋长国（阿联酋）的马克图姆太阳能园区第四期建设由 3 个槽式光热电站以及 1 个塔式光热电站组成，单台装机容量分别为 20 万千瓦和 10 万千瓦，总装机量 70 万千瓦。2018 年 4 月，上海电气与沙特国际电力与水务公司（ACWA Power）签订了电站工程总承包合同。合同签订后，项目业主提出在原项目基础上增加 25 万千瓦光伏装机，将原先的"光热"电站项目变更成为容量达 95 万千瓦的"光热＋光伏"混合发电的项目。

这座太阳能电站位于迪拜市区以南约 65 千米处的沙漠腹地，项目占地 44 平方千米，相当于 6000 多个足球场大，是现今世界上装机容量最大、投资规模最大、熔盐罐储热量最大的光热项目。光热电站通过 7 万多片塔式定日镜和槽式聚光反射镜，将大面积的阳光反射并汇聚到太阳能接收器中，产生高温。在太阳能的加热下，熔盐升温并熔化，流入高温熔盐罐中储存。发电时，熔盐被送入蒸汽发生器，将水加热成过热蒸汽，驱动蒸汽轮机做功发电。与普通光伏电站仅能在光照充足时工作不同，光热电站项目能够以热能的形式储存大量太阳辐射能，并在夜间或阴天时提供稳定的电力。工程完工后，可以让 32 万户家庭用上清洁电力，年减少碳排放 160 万吨。

在共建"一带一路"过程中，中国企业践行绿色环保理念，尽可能减少项目对当地生态环境的影响。在电站项目建设的进程中，周边的环境不断改善。在一片片太阳能面板下方的黄沙中，出现了零星绿色。原来，土地的平整、装置的植入起到了固沙作用，集热镜也减弱了太阳能辐照，这些都为植被的生长创造了条件。

3. 天然气合作铺就能源 "新丝路"

中亚，紧邻中国，地处欧亚大陆腹地，是中国—中亚—西亚经济走廊和新亚欧大陆桥的重要通道。在历史上，一条丝绸之路就把中国和中亚多国联系在一起。如今，中国与中亚五国之间经贸往来、人文交流、务实合作等都更加紧密。

中国—中亚经贸合作中，能源合作始终发挥着"压舱石"和推进器作用，并形成了一条共同繁荣的能源丝绸之路。中亚地区能源和矿产资源丰富，与中国互补性强。其中，哈萨克斯坦是中亚地区第一石油生产大国；土库曼斯坦被称为"站在大气包上的国家"，已探明天然气储量排世界第四位，最高年产量达到630亿立方米；乌兹别克斯坦国土面积中有63%位于油气凝聚带，是世界上15个天然气生产大国之一。

中国与中亚各国合作开启丝绸之路经济带建设以来，中国与中亚国家之间遵循互利共赢原则，携手推进形成了集油气勘探开发、管道运输、原油加工、工程技术服务及油品销售等上中下游业务于一体的能源合作链，帮助中亚国家建立起了完整的油气工业体系。其中，西北油气通道的建设，成为连接中国与中亚国家的能源大动脉，有效激发了中亚国家的产能潜力，促进了中国与中亚国家的共同繁荣。

中国—中亚天然气管道全长约1万千米，是世界上最长的跨国天然气管道。它起源于土库曼斯坦阿姆河右岸，途经乌兹别克斯坦、哈萨克斯坦，在中国境内与"西气东输"二线相连接。其中，土库曼斯坦境内长188千米，乌兹别克斯坦境内长530千米，哈萨克斯坦境内长1300千米，其余约8000千米位于中国境内。2009年管道A线建成投产，2010年、2014年管道B线、C线相继通气。从2007年项目启动到2009年建成投产，管道A线的建设周期只有28个月，而国际同类型管道建设项目最快需要6年。此外，管道沿线多为荒漠地形，部分区域表层土盐渍化、沙化严重，加之沿线国家程序要求、利益诉求的不同，管道建设远比想象中艰难。

截至2022年底，中亚天然气管道霍尔果斯计量站ABC线全年转供输气量超过430亿标准立方米，累计输气量超过4232亿标准立方米，是联通中国与中亚多国的重要跨境能源通道。通过管道运输，土库曼斯坦的天然气输送到我国包括中西部、京津冀、长三角、珠三角地区的24个省区市，最远送达中国香港，惠及沿线5亿多民众。来自中亚的天然气对我国优化能源结构、保障民生用气、促进生态建设等发挥了重要作用。

近年来，在全球应对气候变化、加快能源清洁低碳转型的大背景下，中国与中亚国家加强在水电、风能、光伏等可再生能源领域的合作，扩大能源全产业链合作，促进能源低碳转型，共同促进"一带一路"绿色、低碳、可持续发展。

📖 二、思政要点解析

2013 年，我国提出建设"丝绸之路经济带"和"21 世纪海上丝绸之路"（简称"一带一路"）的重大倡议，是扩大和深化对外开放的重大举措，得到国际社会的高度关注。2015 年 3 月，中国政府发布《推动共建丝绸之路经济带和 21 世纪海上丝绸之路的愿景与行动》，提出"一带一路"建设是开放的、包容的，欢迎世界各国和国际、地区组织积极参与，得到了国际社会的广泛认同与积极响应。"一带一路"倡导的新型合作模式，顺应了各国发展诉求，有助于新兴经济体国家的发展。

能源攸关国计民生，加强"一带一路"能源合作有利于带动更大范围、更高水平、更深层次的区域合作，促进世界经济繁荣，这是中国与各国的共同愿望。资源优势国家可借力"一带一路"加速发展经济，中亚国家油气资源十分丰富，但能源输出长期受制于滞后的基础设施体系，资源优势无法转化为经济优势。南亚、东南亚大部分国家可再生资源潜力巨大，但普遍面临技术水平低、电力短缺等问题。中东国家谋求转型发展，对油气炼化、管道运输、工程服务、科研开发等环节合作，以及电能、风能、海洋能、核能等的开发和利用方面需求迫切。总体上看，共建"一带一路"国家仍处于以资源投入为主的要素驱动发展阶段，工业化水平较低，在发展思路、政策框架、商业标准等多方面仍处于塑造期。与中国发展阶段存在较大互补性，在投资、贸易、技术、产能等方面存在较强互补性，整体合作壁垒小，有利于建立良好的合作共赢关系。

当前，中国能源与世界能源发展高度关联。中国将持续不断地推进能源国际合作，深度融入世界能源体系。加强"一带一路"能源合作既是中国能源发展的需要，也是促进各国能源协同发展的需要，中国愿意在力所能及的范围内承担更多的责任和义务，为全球能源发展作出更大的贡献。2017 年，国家发展改革委、国家能源局共同制定并发布《推动丝绸之路经济带和 21 世纪海上丝绸之路能源合作愿景与行动》。在国家共建"一带一路"的倡议下，中国的能源国际合作已经取得了丰硕成果，一批重大能源合作项目落地实施，能源合作多边、双边的机制也不断完善，能源政策及技术交流日益频繁，对共建"一带一路"国家的经济和社会的发展起到了积极作用。

参考文献

[1] 中华人民共和国国务院新闻办公室 . 新时代的中国能源发展 [EB/OL] . （2020 - 12 - 21） [2023 - 04 - 04] . http：//www. gov. cn/zhengce/2020 - 12/21/content _ 5571916. htm.

[2] 国家发展改革委 . 推进新时代新阶段中国能源安全发展——国新办就《新时代的中国能源发展》白皮书有关情况举行发布会 [J] . 中国经贸导刊，2021 （1）：4 - 9.

[3] 王轶辰 .《新时代的中国能源发展》白皮书——我国提前实现碳排放强度下降目标 [J] . 资源节约与环保，2021 （1）：2 - 3.

[4] 刘华军，石印，郭立祥，等 . 新时代的中国能源革命：历程、成就与展望 [J] . 管理世界，2022，38 （7）：6 - 23.

[5] 章建华 . 完整准确全面贯彻能源安全新战略科学有序推进能源绿色低碳高质量发展 [J] . 记者观察，2022 （18）：6 - 9.

[6] 国家能源局 . 新时代中国能源在高质量发展道路上奋勇前进 [N] . 人民日报，2020 - 12 - 31 （11）.

[7] 曹红艳，周雷，齐慧等 . 以新发展理念推进碳达峰碳中和：正确认识和把握碳达峰碳中和（上）[N] . 经济日报，2022 - 8 - 29 （1）.

[8] 任平 . 能源的饭碗必须端在自己手里 [N] . 人民日报，2022 - 1 - 7 （5）.

[9] 胡晓菁 . 大庆油田：新中国第一个特大油田 . [EB/OL] . （2021 - 07 - 08）[2023 - 04 - 04]. https：//www. cas. cn/kx/kpwz/202107/t20210708 _ 4797520. shtml.

[10] 杨喆，孙彪，唐铁富 . 奋斗的红旗永不褪色——大庆精神述评 [EB/OL] . （2021 - 08 - 23）[2023 - 04 - 04] . http：//www. news. cn/politics/2021 - 08/23/c _ 1127786325. htm.

[11] 赵文津 . 中国石油勘探战略东移与大庆油田的发现 [J] . 中国工程科学，2004，6 （2）：17 -27.

[12] 龙战宇.从大庆精神到胜利精神［J］.石油大学学报（社会科学版），2000，16（1）：37-40.

[13] 冯海涛.胜利油田的发现［J］.卷宗，2018（30）：204.

[14] 庞世乾.改革创新迈向百年新征程——胜利油田发现 60 周年纪实［J］.中国石化，2021（4）：48-50.

[15] 徐永国，庞世乾，王维东，等.习近平总书记考察调研胜利油田"能源的饭碗必须端在自己手里"［J］.中国石油石化，2021（22）：12-15.

[16] 陆如泉.如何理解"能源饭碗必须端在自己手里"？［J］.中国石油石化，2021（22）：31.

[17] 钱正英.三峡工程的决策［J］.水利学报，2006，37（12）：1411-1416.

[18] 陆佑楣.三峡工程的决策和实践［J］.中国工程科学，2003，5（6）：1-6，43.

[19] 张国宝.西气东输工程建设决策始末［J］.中国机械：装备制造，2018（12）：106-117.

[20] 西气东输的决策过程［J］.时事资料手册，2002（4）：51-52.

[21] 陈蕾.特高压上马始末［J］.中国投资，2007（1）：60-61.

[22] 杨玉良.中国科技之路·总览卷·科技强国［M］.北京：科学出版社，2021.

[23] 全球能源互联网发展合作组织.清洁能源发电技术发展与展望［M］.北京：中国电力出版社，2020.

[24] 史志鹏.清洁能源发展的中国行动［N］.人民日报海外版，2021-10-08（10）.

[25] 卢纯.开启我国能源体系重大变革和清洁可再生能源创新发展新时代——深刻理解碳达峰、碳中和目标的重大历史意义［J］.人民论坛·学术前沿，2021（14）：28-41.

[26] 李俊峰.我国可再生能源 70 年发展历程与成就［EB/OL］.（2019-09-26）［2023-04-04］.https：//www.ccchina.org.cn/Detail.aspx？newsId＝72379＆TId＝57.

[27] 王仲颖，张正敏.我国可再生能源的成就与发展对策［J］.中国科技成果，2005（13）：7-9.

[28] 戴小河.政策频出，技术突破——从清洁能源发展看中国经济底气［EB/OL］.（2021-12-07）［2023-04-04］.http：//m.news.cn/2021-12/07/c_1128140452.htm.

[29] 杜燕飞.三峡集团长江干流第 100 台机组发电 世界最大清洁能源走廊成型［EB/OL］.（2021-11-20）［2023-04-04］.http：//finance.people.com.cn/n1/2021/1120/c1004-32287464.html.

[30] 健伟.建设世界最大清洁能源走廊 走出三峡特色创新之路［EB/OL］.（2022-10-18）［2023-04-04］.https：//www.ctg.com.cn/sxjt/xwzx55/zhxw23/1378407/index.html.

[31] 刘吉臻，马利飞，王庆华，等.海上风电支撑我国能源转型发展的思考［J］.中国工程科学，2021，23（01）：149-159.

[32] 白雪.光伏扶贫：建设任务全面完成，扶贫方式广受欢迎［N］.中国经济导报，2020-10-29

(7).

[33] 王轶辰.光伏扶贫照亮小康路［N］.经济日报，2021-01-25（2）.

[34] 冉永平，顾仲阳，丁怡婷，等.能源扶贫入了户 照亮群众小康路［N］.人民日报，2021-2-18（1）.

[35] 华电电力科学研究院有限公司.多能互补分布式能源技术［M］.北京：中国电力出版社，2020.

[36] 景春梅，王成仁，陈妍，等.打造"一带一路"能源命运共同体［EB/OL］.（2019-01-08）［2023-04-04］.http：//www.cciee.org.cn/Detail.aspx? newsId=16042&TId=231.

[37] 高虎.构建清洁低碳、安全高效的能源体系——解读《新时代的中国能源发展》白皮书［N］.光明日报，2020-12-25（2）.

[38] 吴正丹.几内亚钞票上的"中国建造"［N］.人民日报海外版，2021-07-26（8）.

[39] 周辋.让绿色成为共建"一带一路"的底色［N］.人民日报，2022-01-11（18）.

[40] 张强，苗龙，汪春雨，等.新时代中国能源安全及保障策略研究——基于推进"一带一路"能源高质量合作视角［J］.财经理论与实践，2021，42（5）：116-123.

[41] 吕江."一带一路"能源合作（2013—2018）的制度建构：实践创新、现实挑战与中国选择［J］.中国人口·资源与环境，2019，29（6）：10-19.

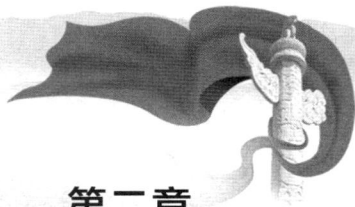

第二章

家 国 情 怀

家是最小国，国是千万家。

在中华民族 5000 年的历史长河中，家国情怀绵绵不断。家国情怀从来都不只是豪言壮语，它是"修身齐家治国平天下"的人文理想，是"先天下之忧而忧，后天下之乐而乐"的忘我胸怀，是"黄沙百战穿金甲，不破楼兰终不还"的报国豪情。

本章讲述一群中国科学家的成长故事，他们用自己独特的方式诠释着对祖国的赤子之心。20 世纪初，中华民族陷入深重危机，随着近代科学开始输入中国，一大批科技工作者纷纷走上"科学救国""科技强国"之路，这是近现代中国家国情怀与科学精神相结合孕育出的伟大精神。他们大都在世界著名大学学习深造，掌握先进的科技知识，拥有丰富的科研经验。他们目睹西方的富强进步，痛感于中国的积贫积弱，从而奋发学习，刻苦钻研，心存大我，赤诚报国，为新中国科技事业的奠基和发展建立了不朽的功勋。

爱国，不能停留在口号上，而是要把自己的理想同祖国的前途、把自己的人生同民族的命运紧密联系在一起，扎根人民，奉献国家。回顾历史，我国科技事业取得的辉煌成就，离不开一代又一代矢志报国的科学家前赴后继、接续奋斗，他们是践行者，是榜样，是领路人。从这些案例中感悟科学家们至真至深的家国情怀，激励青年学子们为我国科技自立自强作出应有的贡献。

案例2-1 钱学森：立志成才，报效祖国

一、案例内容

钱学森（见图2-1），是世界著名科学家、"两弹一星功勋奖章"获得者，放弃美国的优越条件毅然回到祖国，数十年呕心沥血、攻坚克难，为祖国的航天事业作出了彪炳史册的贡献。他的爱国奉献精神激励了无数中国人。

钱学森在晚年时期曾回忆对他影响深刻的17个人，其中除了自己的父母与新中国的领袖之外，其余12人都是钱学森的老师。正是在这些老师的栽培和指引下，钱学森最终成长为一名矢志报国的科学大师。那么，钱学森的学生时代是怎么度过的呢？又是如何铸就家国情怀的呢？

图2-1　世界著名科学家、"两弹一星功勋奖章"获得者钱学森（1911—2009）

1911年12月钱学森出生于上海，祖籍浙江杭州。1923年钱学森进入北京师范大学附属中学学习，度过了他难以忘怀的六年。在这里，大家对他的印象是

"安静"与"规矩":生活一丝不苟,房间里总是一尘不染,成绩更是名列前茅。报考大学前夕,数学老师认为钱学森数学好,应报考数学系;国文老师认为他文章写得好,应报考中文系;美术老师则认为他在艺术上有天赋,建议他学画画。此时,钱学森却作出了他自己的决定:学铁道工程,学造火车头。

1929 年,他考取了上海交通大学工程机械学院,怀着成为一名铁路工程师的理想,开始了他的大学生活。钱学森的大学生活常常是一个人在图书馆度过的,在独处与沉默中安静地思考似乎就是他最快乐的事。

1932 年,"一·二八"事变中,日军飞机对上海狂轰滥炸。目睹着天空中肆虐的日军飞机,钱学森深深地感到航空对于一个国家的重要性,于是他作出了人生的第二次选择:改学航空工程、学造飞机,建立中国自己的强大空军。但当时国内并没有地方可以学,只能去发达的英美国家学习。

1934 年 8 月,钱学森前往南京中央大学参加出国留学奖学金的选拔考试,获得了留学美国的资格。1935 年 8 月,钱学森从上海乘船远赴重洋(见图 2-2),来到了美国麻省理工学院攻读硕士学位。在这里,钱学森学习紧张而有序。每天,他早早起床,去查尔斯河边背航空理论的公式;午餐后,他抱着课本回到教室,静静地一个人学习;晚上,他借阅了下学期的课本,提前自学,争分夺秒地获取新的知识。

但是,美国同学瞧不起中国人的态度,使他无法忍受。他对同学说:"中国现在是比你们美国落后,但作为个人,你们敢和我比试吗?"期末考试时,有位教授出了一些难题,全班大部分同学成绩不及格。大家愤愤不平,认定是教授出题太难,有意为难大家。于是,一部分学生决定去找教授提意见。但是,当他们来到教授办公室门口时,却发现门上张贴着钱学森的试卷。只见卷面用钢笔书写得工整清洁,每道题都没有错误,甚至没有任何圈改和涂抹的痕迹。本想闹事的学生只好悻悻离去,从此对钱学森刮目相看。

博士学习期间,钱学森师从于世界著名空气动力学家冯·卡门教授,从事空气动力学、固体力学和火箭、导弹等领域研究。他与导师共同完成了高速空气动力学问题研究课题,并提出了著名的卡门-钱公式。28 岁时,他就成为世界知名

图 2-2 1935 年 8 月,钱学森从上海乘船赴美国留学

的空气动力学家。20 世纪 40 年代钱学森又提出了跨声速流的相似律。他还开创了高超声速流和稀薄气体动力学新领域。郭永怀和钱学森在研究跨声速流时提出了上下临界马赫数的概念,并发现当飞行速度超过下临界马赫数时,理论上连续解依然可以存在;只有来流速度超过上临界马赫数时,才会出现激波。钱学森还研究了跨声速流的稳定性,这是超临界翼的早期研究。

新中国成立后,钱学森便决定以探亲为名回国,投身于祖国的建设,但遭到美国政府的阻挠,随后被关押在洛杉矶的移民局拘留所。1954 年,钱学森在被美国政府软禁期间写成了专著《工程控制论》,在科学界引起强烈反响。《科学美国人》杂志希望做专题报道,并将钱学森的名字列入美国科学团体。这个想法被钱学森回信拒绝,信中写明了一句话:“我是一名中国科学家。”

后来,在周恩来总理的外交努力下,钱学森终于获得回国准许。1955 年 9 月 17 日,钱学森一家来到洛杉矶港口,等待登上回国的邮轮。码头上挤满记者,记者追问钱学森是否还打算回美国。钱学森回答说:“我不会再回来,我没有理由再回来,这是我想了很长时间的决定。今后我打算尽我最大的努力帮助中国人民建设自己的国家,以便他们能过上有尊严的幸福生活。"

11年后的1966年10月,在钱学森等一大批爱国科学家的不懈努力下,"两弹结合"(导弹与核弹头结合)试验成功。从此,中国的核导弹终于具备了威慑与实战能力,登上了国际舞台。

二、思政要点解析

钱学森是中国航天科技事业的先驱和杰出代表,是"中国航天之父"和"火箭之王"。青年时代的钱学森以饱满的热情,全身心地投入到求知探索和科学创造之中。最初钱学森选择了铁道机械专业,准备日后实践"交通救国"的理想。然而,面临民族的苦难,他又萌生了"航空救国"的抱负,并通过锲而不舍的努力成长为世界顶尖的火箭技术专家。留美期间,钱学森无时无刻不心系祖国。新中国成立后,他毅然放弃在美国的优裕条件,历尽艰辛回到祖国。从此,他数十年如一日投身我国科技发展和国防科研事业。无论国家处于顺利时期,还是遭遇暂时的困难,他始终坚定不移地将家国情怀和执着探索的科学精神结合在一起。他曾经说:"我作为一名中国的科技工作者,活着的目的就是要为人民服务。如果人民最后对我一生所做的工作表示满意的话,那才是对我最高的奖赏。"

回顾钱学森的学生生涯,我们仿佛看到了他堪称"学神"的特质,更看到他对知识渴求与求索的精神,还有他矢志报国的崇高理想。他始终将个人前途命运深深融入国家、民族的发展之中,为当代青年大学生树立了光辉榜样。如今,作为新一代的青年,身处的时空环境已经与百年前截然不同,但钱学森等爱国科学家在艰苦岁月中的青年故事,仍然像璀璨的星光照耀着我们。当代大学生要以钱学森等老一辈科学家们为榜样,戒骄戒躁,刻苦学习,不断认识和掌握科学真理,掌握建设国家、服务社会的过硬本领,担负起新的历史使命。

案例 2-2 李四光：努力向学， 蔚为国用

一、案例内容

在新中国地质能源事业的群星中，有一颗最耀眼的明星，他就是我国现代地球科学和地质工作奠基人、爱国知识分子的典范——李四光（见图 2-3）。他首创了中国地质力学理论，并应用这个理论一举摘掉了中国"贫油"的帽子。

图 2-3　我国现代地球科学和地质工作奠基人李四光（1889—1971）

1905 年 7 月的一天，在日本留学的年仅 16 岁的李四光成为第一批同盟会会员。孙中山先生亲自主持了大会，并将"努力向学，蔚为国用"八个字送予李四光，以示勉励。中山先生或许不会想到，短短的八字叮嘱，竟成为李四光奋斗一生的真实写照。那么，李四光是如何谨记并践行这八个字的，又是如何从懵懂少年成长为享誉世界的科学家的呢？

1889 年 10 月，李四光出生于湖北黄州的一个贫寒人家，取名"李仲揆"。李四光自幼就读于其父执教的私塾，14 岁那年他告别父母，独自一人来到武昌报考

44

高等小学堂。在填写报名单时，他误将姓名栏当成年龄栏，写下了"十四"两个字，随即灵机一动将"十"改成"李"，后面又加了个"光"字，便改名为李四光，从此便以"李四光"传名于世。

李四光在武昌的高等小学堂孜孜苦读，终于凭着第一名的优异成绩争取到保送日本留学的机会。站在开往日本的船上，李四光想到了甲午海战、庚子赔款以及洋人对同胞的种种欺凌，他踌躇满志，决心学习造船，为国家造出坚船利炮，巩固国家的海防。

他先在日本弘文学院学习，后又进入大阪高等工业学校学习造船。在日学习期间，李四光见到了他敬仰的民主革命先行者孙中山、宋教仁等革命志士。在他们的影响下，李四光开始认识到仅仅造出坚船利炮并不能改变旧中国的命运，于是他毅然加入革命行列，成为同盟会最年轻的创始会员。

1910 年，李四光学成归国。武昌起义后，李四光被委任为湖北省军政府理财部参议，后又当选为湖北实业部部长。但不久袁世凯窃取革命胜利果实，李四光突然发现自己实现"科学救国"的时机并不成熟。1913 年，孙中山发动二次革命失败，23 岁的李四光毅然抛弃官位，返归校园重新自己的学业。

1913 年，李四光远渡重洋，来到英国伦敦伯明翰大学深造。当时正值第一次世界大战爆发，生活物资极度短缺，许多留学生无法忍受，纷纷离开英国。李四光却凭着从小养成的坚忍精神，节衣缩食，克服困难，坚持完成了学业。

李四光发现，当时的中国连一个像样的铁矿都没有，没有铁就炼不出钢，也就造不出轮船和大炮。所以他在英国留学时，特别选择了采矿专业。经过一年的学习，他又认识到，采矿需要翔实的地质勘测资料，可是当时的中国从来没有人做过，对中国的地质条件及矿产分布基本是一无所知。于是，李四光决定改学地质学，他要通过地质勘探为祖国绘出地质构造及矿田的分布。

功夫不负有心人。1918 年，李四光完成了长达 387 页的论文《中国之地质》，并顺利获得伯明翰大学自然科学硕士学位。1921 年，李四光学成回国，接受蔡元培先生的邀请，到北京大学地质系任教。在科学研究上，李四光绝不人云亦云，坚持独立自主、推陈出新。他曾经说："真理，哪怕只见到一线，我们也不能让它的光辉变得暗淡。"

抗日战争期间，蒋介石曾多次邀请李四光出任教育部部长、大学校长和驻英大使。但由于李四光目睹了国民政府的腐败和对科学的不重视，亲眼看到爱国青年受到的不公正待遇和镇压，便断然拒绝了这些邀请。同时，李四光在重庆两次见到了周恩来，他详细了解了中国共产党的政治主张、国内的形势和发展前景。他感叹道："有了共产党，中国就有了希望。"

新中国成立前夕，远在欧洲从事地质研究的李四光收到了祖国的来信，被邀请担任全国政协委员。在祖国的召唤下，李四光排除阻挠，几经辗转，回到国内。他意识到能让他真正施展生平抱负的机会终于来了。

新中国百废待兴，对石油能源的需求量很大，当时八九成的石油都要从国外进口，这对于经济建设无疑是极为不利的。一直以来西方"中国贫油"的论断也让新中国的建设者们深感忧虑。李四光力排众议，他从新华夏构造体系的观点出发，分析了我国地质条件，认为在我国辽阔的领域内，天然石油资源的蕴藏量应当是丰富的。很快，在他的理论指导下，我国先后发现了大庆、胜利、大港、华北、江汉等油田，一举摘掉了"中国贫油"的帽子。

📖 二、思政要点解析

李四光精神正是他"努力向学，蔚为国用"的人生写照。李四光出生在腐朽无能的清朝末年，没落的国家、贫困的家境并没有磨灭他求学的热忱，反而激发了他奋发求学、立志报国的决心。他 15 岁留学日本，24 岁留学英国，苦苦探索"科学救国"之路。在中华民族沉沦于外国列强奴役和凌辱的年代，他毅然投身革命，力图改变民族的命运；当革命遭到挫折时，他不随波逐流，重拾学业，把为国家寻找和开发地下资源当作终生奋斗的目标。他始终把自己的前途和祖国联系在一起，渴求知识，坚持科学，正是当代大学生尊重知识、崇尚学习的榜样。

为解决新中国经济建设中能源紧缺的问题，李四光运用自己创建的地质力学理论和方法，组织指导石油地质工作，在分析中国地质构造特点的基础上，指出新华夏构造体系三个沉降带具有广阔的找油远景，为大庆、胜利、大港等我国东部一系列大油田的勘探与发现，为摘掉我国"贫油"的帽子和石油工业的发展作出了重大贡献。李四光还指导铀等放射性矿产勘查取得突破性进展，为发展我国核工业和"两弹一星"作出了重要贡献。他热爱祖国、立志报国、时刻以"科学救国"为己任的爱国主义精神，堪为当代大学生之楷模。

李四光先生留下的珍贵科学遗产不仅造福了后代，其宝贵的精神财富更值得当代青年学习并发扬光大。"努力向学，蔚为国用"的李四光精神，将引导年轻一代为实现中华民族伟大复兴的中国梦和第二个百年奋斗目标而努力。能源动力类专业的大学生应深入学习李四光先生振兴中华的爱国理想、矢志不渝的民族信念、求真务实的科学品格、强烈执着的创新意识，关注国家、心系人民，为书写新时代能源发展的新篇章而努力学习。

案例 2-3 王淦昌：隐姓埋名，以身许国

一、案例内容

1964 年 10 月 16 日下午 3 点，罗布泊核试验基地的一声巨响，标志着中国第一颗原子弹爆炸成功，这也意味着我国加入了世界有核国家的行列。我国在一穷二白的困难条件下，无数科技工作者夜以继日地工作，成功打破了美苏的核垄断、核讹诈。这背后屹立着无数伟岸的身躯，他们为了中国的核事业，隐姓埋名，默默付出，作出了巨大的牺牲。其中就有我国核科学的奠基人和开拓者之一、中国科学院院士、"两弹一星功勋奖章"获得者——王淦昌（见图 2-4）。

1907 年 5 月，王淦昌出生在江苏常熟县，早年父母双亡。1925 年，王淦昌考入清华大学物理系学习，师从两位中国近代物理学先驱叶企孙和吴有训。

王淦昌的学生时代恰逢中国最苦难的时代。那时国家贫弱，列强环伺，国土沦丧，民不聊生。看着身边的同学离开校园投身到轰轰烈烈的民族解放和独立运

图 2-4　我国核科学的奠基人和开拓者、"两弹一星

功勋奖章"获得者王淦昌（1907—1998）

动中，王淦昌也陷入了迷茫，自己到底该何去何从？

此时，他的老师叶企孙的一番话让他坚定了科学报国的决心："归根结底是因为我们国家太落后了，如果我们像历史上汉朝、唐朝那样先进、那样强大，谁敢欺侮我们呢？要想我们的国家强盛，必须发展科技教育，我们重任在肩啊！"这句话如醍醐灌顶，让王淦昌从此立下了刻苦学习、实干救国的远大志向。

1929 年 6 月，王淦昌从清华大学毕业，留校担任助教，得到了中国物理学研究的"开山祖师"吴有训教授的青睐和指导。在吴教授的指导下，他完成了论文《清华园周围氡气的强度及每天的变化》，这是中国第一篇有关大气放射性的实验研究论文。

毕业后的王淦昌依旧努力，时刻不忘科学报国的梦想。1930 年，他考取了江苏省官费留学，到德国柏林大学威廉皇家化学研究所读研究生。在德国，王淦昌师从于被爱因斯坦称为"德国居里夫人"、在美国被誉为"原子弹之母"的女核物理学家迈特纳。在德国的 4 年留学生活中，他和那个时代中国的莘莘学子一样，怀揣着学成归国建设祖国的热情，孜孜不倦，勤奋学习，获得了博士学位。1934年，王淦昌学成归国，先后在山东大学、浙江大学任教。他诲人不倦，孜孜以求，带出了像李政道这样的诺贝尔物理学奖获得者，而他自己却三次错过了诺贝尔奖。

王淦昌在德国留学时，德国有个物理学家和他的学生在实验室里观察到了一种穿透能力很强的射线，他们认为是γ射线的一种，称之为"铍辐射"。王淦昌对这个结论有所怀疑，他先后两次向自己的导师迈特纳提议用云雾室来探测这种粒子，可是导师却不为所动。造化弄人，另一个科学家查德威克在1932年用相同方法测定这种神秘射线就是中子。1935年，查德威克凭借这一重要的发现获得了诺贝尔物理学奖，这可以算是王淦昌第一次错过诺贝尔奖。

回国之后，王淦昌在教书之余也继续着自己的研究。1942年，王淦昌在论文中提到了利用轨道电子俘获检测中微子的可行方案。后来美国人艾伦采用了王淦昌的方法，成功地证明了中微子的存在。1946年，王淦昌又继续在论文中提出了三种验证中微子的方法和通过裂变来检测中微子的思路。1956年，美国科学家莱因斯和柯万正是在王淦昌的构想上进行实验，通过裂变探测中微子，并获得了诺贝尔奖。而王淦昌由于缺乏实验条件和设备，第二次与诺贝尔奖擦肩而过。

1956年9月，王淦昌应国家的委派，前往苏联杜布纳联合原子核研究所任研究员。在苏联工作期间，他领导的实验团队首次发现了反西格玛负超子，这在当时的科技界引起了轰动。很多科学家都认为，如果他当时能够坚持自己的研究方向，将很有可能获得诺贝尔物理学奖。而此时，一封来自国内的电报却让王淦昌消失了17年。原来此时苏联撕毁了援助我国的协议，撤走了所有专家。我国的核武器研究事业遭遇重大危机。王淦昌临危受命，返回国内参与核武器研究，也再一次失去冲击诺贝尔奖的希望。

开展核武器研究是一个绝密任务，王淦昌需要隐姓埋名，不能和家人联系。当上级征求王淦昌的意见时，王淦昌的回答只有6个字："我愿以身许国。"

为了祖国的核事业，王淦昌放弃了自己擅长的专业，把生命中最辉煌的17年投入到了祖国的核事业中去。王淦昌和其他老一辈科学家与世隔绝，在艰苦的条件下工作和生活了 17 年，没有过一丝怨言。他们错过了子女的成长，错过了家人相聚，而这一切都是为了祖国。

1999 年 9 月 18 日，他被追授"两弹一星功勋奖章"。2007 年，中国科学院国家天文台将一颗小行星命名为"王淦昌星"。

二、思政要点解析

王淦昌是老一辈科学家的缩影，还有许许多多如王淦昌一样的老科学家为了祖国的事业，贡献自己毕生所学，以身许国。王淦昌始终坚持"一个科学工作者要为祖国的富强献身"。他大力倡导协作，常说："中国科技工作者要团结一致，参与国际竞争。"他十分重视科技人才的培养，身体力行，在几十年科研和教学实践中培养了一大批优秀科技人才，其中，不少人成为国家的栋梁或著名科学家，包括诺贝尔奖获得者李政道先生、"两弹一星功勋奖章"获得者程开甲先生。

王淦昌为科学事业奋斗了一生、奉献了一生。他那热爱祖国、报效祖国的赤子之情，以民族振兴、祖国强盛为己任，"愿以身许国"的献身精神，以及他卓越的科学成就，深邃的科学思想，敏锐的战略眼光，谦逊质朴、平易近人的优良作风，坚持真理、淡泊名利的高尚品质，为广大科技工作者树立了杰出的典范，留下了宝贵的精神财富。

当今世界正经历百年未有之大变局，人类正迎来科技文明前所未有的大发展，科技支撑综合国力的战略地位日益凸显，对经济社会发展的作用不断扩大，其影响比以往任何时候都更加广泛和深刻。我们比历史上任何时期都更接近中华民族伟大复兴的目标，我们比历史上任何时期都更需要建设科技强国。当代大学生学习王淦昌的精神，就是要以他为榜样，牢记使命，奋发图强，开拓创新，为建设世界科技强国、实现中华民族伟大复兴的中国梦不懈奋斗。

案例 2 - 4 朱亚杰：学高德馨，烛火丹心

一、案例内容

朱亚杰（见图 2 - 5），著名化学工程学家、石油化工学家，中国人造石油学科创始人。1938 年毕业于清华大学化学系，1949 年获英国曼彻斯特大学硕士学位，1950 年回国执教，1980 年当选为中国科学院学部委员。《中国科学家辞典》中这样评价他："为人耿直坦率，疾恶如仇，从不趋炎附势，洁身自爱，风度优雅，慎思敏行，事必有成，益必利于国。他用人唯贤唯才，教人务实务本。"

图 2 - 5 我国著名能源专家、化学工程学家朱亚杰（1914—1997）

朱亚杰 1914 年生于江苏省兴化县。他的青少年时期恰逢国家内忧外患，严峻的现实让他暗下决心，要牢记国耻、立志报国。在扬州中学读书之际，朱亚杰接受了先进的理想主义和爱国主义教育，"科学救国"的抱负在他心中日渐形成。高

中时，由于家庭经济日趋困难，父母劝他辍学回乡，而他却表达了求学成才的渴望："只要供我上学，将来家中祖产片瓦分田不要。"正是在这段时期树立的理想与抱负，奠定了他为国家奉献的传奇人生。

1934 年，朱亚杰考入清华大学化学系。"九一八"事变后，日本帝国主义将侵略的魔爪伸向华北，民族危在旦夕。偌大的华北已经安放不下一张平静的书桌。在爱国传统的洗礼和人文环境的熏陶下，朱亚杰一边发奋读书，一边积极参加抗日爱国运动。1935 年 12 月 9 日凌晨，满怀救国热情的朱亚杰随数千名大中学生走上街头，参加了举世闻名的"一二九"运动。他目睹了斗争的残酷，更深刻地领悟了要做一番大事业、报效祖国必须不怕牺牲。

1938 年，朱亚杰结束了西南联会大学的大学生活。1946 年，他考取了当时的教育部冶金项目公费出国留学生，在全国 10 名考生中位列第一。1947 年夏天，他远涉重洋，成为英国曼彻斯特大学化学工程专业的一名研究生。1949 年，朱亚杰获得英国曼彻斯特大学硕士学位。为维持生计，他受聘于英国西蒙卡夫化工设计公司，做了一年的副工程师。1950 年 9 月聘用期满，公司十分赏识朱亚杰才能，许以"高薪续聘 10 年，并负担全部家属赴英费用"的承诺。然而，新中国的成立早让朱亚杰归心似箭，被他婉言谢绝了续聘的请求。英国人甚至威胁他说，朝鲜战争已经爆发，如果英国参战，你很快就可能成为战俘，到时候后悔就晚了！然而，朱亚杰去意已决，在爱国华侨的帮助下，1950 年 11 月朱亚杰终于回到了祖国，开始了在母校清华大学化工系的任教工作。

学者、教师，是朱教授的两个主要身份。作为学者，他一生建树超卓，并由此获得了巨大荣誉。他长期从事煤、页岩、石油等可燃矿物化工综合利用方面的科研和教学工作。他与侯祥麟共同主持，自主研制了我国第一个石油产品添加剂——润滑油降凝剂，为新中国化工事业的发展立下首功。开展粉煤和油页岩流态化低温干馏研究，主持鲁奇低温干馏炉的恢复设计和改进及褐煤空气氧化制腐殖酸试验，指导油页岩热解和组成结构等研究。1980 年，朱亚杰当选为中国科学院学部委员（院士），1985 年获国家科技进步特等奖，此后相继担任了中国能源研究会理事长、中国氢能源协会主席、煤炭转化利用协会理事长、石油工业部科技委员会副主任等职。

作为一个能源专家，朱亚杰在为加快石油的发展利用而殚精竭虑的同时，更为人类的生存环境和未来的能源问题而忧深思远。1983年，朱亚杰领衔组织能源研究会的百余位专家撰写完成了《中国能源研究报告》，其中呼吁重视发展可再生能源，特别是氢能源、新能源。这一建议得到了中央领导的高度重视，并进行部署实施。

作为教师，朱亚杰培养过大量的本科生和硕士、博士研究生，桃李满天下。他治学态度严谨，在生活上却性情通达、坦诚相待并体恤他人。学生对他的评语是："松竹梅品格皆备，才学识集于一身。"

📖 二、思政要点解析

朱亚杰用一生诠释了不谋私利，以天下事为己任，为祖国、为人民、为教育无私奉献、鞠躬尽瘁、奋斗不息的精神。作为教育家，他殚精竭虑，教书育人是他毕生的追求；作为科学家，他呕心沥血、敢为人先，国家发展和科学事业是他永远的牵挂；作为中国人，他碧血丹心、不屈不挠，铮铮铁骨和赤子之心是他不悔的坚守。即使在病重住院期间，他也仍然奋战石油事业一线，与前来看望他的中石油领导、石油大学的负责人一再商谈我国石油工业和石油教育的发展大计。

朱亚杰曾给他的子女们送上了这样一个新"朱子家训"："为人之道，贵在立志、立信、立行。立志即立报国大志；立信即讲信用，有自信，忠于自己的志向；立行即要有行动，不尚空谈，踏实工作。"而他一生的经历也亲身践行了这六个字：立志、立信、立行。对于能源动力类大学生来讲，立报国大志就是要努力让自己成为一个"理想远大、热爱祖国，脚踏实地、积极进取的有志青年"。报效祖国的志向要与自己的真才实学和专业特长相结合，只有不断地掌握知识增长本领才能为祖国作出更多更大更新的贡献。通过自己不断的努力学习，提高自身素质，以建设清洁低碳、安全高效的现代能源体系为目标，增长报效祖国的真才实干。

案例 2-5　陆士嘉：心有担当，方能翱翔

一、案例内容

　　她立志学科学当中国的居里夫人，她是现代流体力学之父普朗特的唯一亚裔女博士，她是我国第一位工科女教授；她参与创建北京航空学院，是我国第一个空气动力学专业的创办者……。她就是我国著名教育家、流体力学家陆士嘉（见图 2-6）。

图 2-6　我国著名教育家、流体力学专家陆士嘉（1911—1986）

　　1911 年陆士嘉出生在江苏苏州，原名陆秀珍。由于从小过着寄人篱下的生活，陆秀珍常常感到孤独和苦闷。好在她发现学习使她快乐，从小到大成绩都名列前茅，天才光芒渐渐掩盖了童年的灰色。

　　光阴似箭，岁月如梭。12 岁的秀珍考上了当时北京最好的中学——师大附中。班里教语文的李老师不仅学术渊博，讲课也深入浅出，从杜甫、白居易、辛

弃疾到莫泊桑、大仲马，使秀珍爱上了文学。她尤其喜欢辛弃疾的词，喜欢他的豪放和生动的想象力。她买了一个小本子，把喜欢的诗词都抄上去，自己也试着写了不少诗。

初中二年级时，秀珍从朋友那里借到了一本《居里夫人传》。她一下子就被这本书迷住了，书中的居里夫人给了秀珍深深的震撼："原来女人也可以学科学，也可以成为万人瞩目的科学家！"书中这个瘦小的波兰女人给了她无尽的力量，像是给心安上了翅膀似的飞上了蓝天。她明白了科学界可以不分男女，只要努力就会获得成就，这使秀珍信心大增。"学科学，用科学造福国家，当中国的居里夫人！"年少的陆秀珍给自己定下了远大目标。从此以后，秀珍学习更加努力了，她常常借一些还看不太懂的物理书，对着那些吓人的公式暗想：总有一天，我看它们要像看"床前明月光，疑是地上霜"那么容易。

1926 年 3 月 18 日，北京城发生了"三·一八"惨案。日本军舰驶入中国大沽口挑衅，继而纠集列强各国向中国政府发出最后通牒，进行无理要挟。大学生向段琪瑞政府请愿，要求驳斥众列强，却遭到无情的镇压，北京女子师范大学学生刘和珍等人被杀害。这给陆秀珍的心灵带来极大触动：她是多么勇敢啊！陆秀珍意识到，一个人想要有所作为，不仅要有远大的目标，还要有实际行动。她下了决心，要当个驱逐强虏、富国强兵的女侠。这次，刚满 15 岁的她平生第一次自作主张，将自己原本乖巧似邻家女孩的名字"秀珍"改成了"士嘉"，意为"最好的战士"。从此，爱哭的"陆秀珍"蜕变成了坚强的"陆士嘉"。

1929 年，18 岁的陆士嘉以优异成绩如愿考入了北平师范大学（今北京师范大学）物理系。她是班上 7 名学生中年纪最小的，也是唯一的女生。1937 年 7 月 16 日，陆士嘉和未婚夫张维在日寇炮击上海的隆隆炮声中，乘坐邮轮前往德国，开始了她的异国求学之旅。

第二年，陆士嘉只身来到德国哥廷根大学，要求拜见普朗特教授，第一次时间晚了没见着，第二次被秘书拒绝，直到第三次，也许人们看她太固执，只好给她和教授约定了见面时间。

见面伊始，普朗特教授显得很不耐烦，他认为这个看上去柔弱的东方女子要做他的研究生太不现实了。要知道，流体力学是一门对数学要求极高的学科。陆士嘉看出了教授的意思，便向他讲述了自己的国家近百年来的苦难历史，以及自己作为一个中国人对祖国建设拥有不可推卸的责任。普朗特教授对眼前这位心怀民族大义的中国女性刮目相看，但提出自己的课很深奥，怕她跟不上。陆士嘉说："您可以考我。如果我不能通过您的考试，一定不再烦您。"教授只好答应说："这样吧，你先拿几本书回去看看，了解一下这门学科大致的情况，两个月后来考试。"说着，顺手从书架上取下两本书递给陆士嘉。

两个月后，陆士嘉如约来到教授办公室。教授则显得十分惊讶，自己的严苛要求居然没有把这个弱小女子吓倒。教授只好请她坐下，并问了书中的几个问题。可是，令他没有想到的是，陆士嘉居然都答对了，这让教授对她再次刮目相看。又谈了一阵，他决定出些题目看看她的数学底子。谁知刚过一会儿，陆士嘉就自信地拿着答案交给教授。普朗特教授先是吃了一惊，仔细看完她的答题后，不禁拍案称奇：真想不到她的答卷做得又快又好。于是，教授依照先前许下的诺言，正式同意收她做了自己的弟子。就这样，陆士嘉成为普朗特正式接收的唯一的一位中国留学生并且是一位女博士生，同时也是这位著名教授的关门弟子。普朗特教授是一位正直的不赞成纳粹行为的知识分子，他被陆士嘉的爱国思想和刻苦顽强的学习精神所感动。他们之间几十年来一直保持着良好的友谊。

陆士嘉在哥廷根大学学习时，正值第二次世界大战爆发。该校的空气动力研究所对中国留学生有种种苛刻的限制，尤其在实验技术方面更是严格保密，加上生活条件艰苦，她在整个学习过程中困难重重。尽管如此，她并不沮丧，她用严密的理论方法处理了一个复杂的流体力学问题，所得结果竟然与空气动力研究所的实验结果完全吻合。1942年，她完成了《圆柱射流遇垂直气流时的上卷》的论文，获得了博士学位。她卓越的才能受到导师的称赞，还帮助她获得了洪堡奖学金。在当时，她的成功是中国人的骄傲，更为中国女性争光。

1946年7月初，陆士嘉和丈夫张维回到祖国。二人先后受聘在同济大学、北洋大学（今天津大学）、清华大学任教。新中国成立后，为了配合我国航空航天事业的发展，她积极从事黏性流体力学、电磁流体力学和高超声速空气动力学的研究和组织工作，亲自开设了黏性流体力学课程。1952 年全国高等院校调整时，她担任北京航空学院（以下简称北航）建校筹备委员会委员，开始创建北航。建校之初，陆士嘉担任空气动力学教研室主任，她团结教师组织教学，先后开设了理论空气动力学、实验空气动力学等系列课程，为我国流体力学学科的发展作出了重要贡献。

📖 二、思政要点解析

陆士嘉先生一生志存高远、胸怀祖国，全心全意服务于国家需求，为北航的创建作出巨大贡献，为中国航空事业的发展呕心沥血；她严谨治学、丹心育人，作为普朗特教授的女弟子，为发展磁流体力学、生物流体力学、分离流和旋涡运动为主体的流体力学做了大量工作，推动了我国流体力学学科的建设和发展；她一生修身立德、淡泊名利、朴实低调，彰显了科学家的精神和风范，堪称中国知识分子的楷模。

回顾陆士嘉青少年时期的求学之旅，可以用"志存高远、自强不息"两个词来概括。少年时期，当陆士嘉得知居里夫人可以成为全世界景仰的女科学家时，顿时信心大增，并暗下决心："学理科，当中国的居里夫人。"自己要加倍努力，成为女科学家。在德国哥廷根大学学习期间，陆士嘉听闻祖国正在遭受日军飞机的轰炸，想到学航空将来能对祖国有贡献，便毅然选择了航空科学，并决心做普朗特教授的研究生。但是普朗特教授从未收过女研究生，更不愿意接受来自落后国家的学生。陆士嘉却不甘心放弃，抱着"外国人看不起中国，我就一定要为中华民族争口气"的信念，向普朗特勇敢地提出考试要求。最终，面对这位有强烈民族自尊心、倔强和自信的中国姑娘，普朗特同意她参加考试，而陆士嘉的考试成绩之好使普朗特深感意外。就这样，她以自己坚强的毅力和优异的成绩为中国人特别是中国女性，赢得了尊严。

思想决定行动，有爱国之心才能有报国之志；反过来，行动也会指引思想，只有将爱国之心落实到具体行动中，才会让大学生心中庄严的种子生根发芽。陆士嘉受新中国感召，凭着一腔爱国情怀学成归国，为开创新中国流体力学科研教学事业作出了杰出贡献。她还提倡科学研究要更多考虑是否对国家有用、对流体力学的发展有用，研究课题必须源于国家发展的需求。当前，能源转型与优化发展是我国在能源领域的重大需求，就是要"推进能源生产和消费革命，构建清洁低碳、安全高效的能源体系"，积极应对资源短缺、环境污染、气候变化等严峻挑战。能源动力类大学生应当牢记这个使命，把个人理想和国家需求结合起来，努力提升专业能力，做一个堪当民族复兴大任的时代新人。

参 考 文 献

[1] 叶永烈．走近钱学森［M］．上海：上海交通大学出版社，2009．

[2] 祁淑英．钱学森——中国著名科学家传记（青少年励志读本）［M］．北京：中国社会出版社，2008．

[3] 涂元季．钱学森的科学报国精神［J］．中国井冈山干部学院学报，2013，6（6）：141-144．

[4] 汪长明．钱学森——抵五个师的"导弹之父"［J］．科学大观园，2019（9）：40-41．

[5] 姜斯宪．人民科学家钱学森的初心使命［N］．光明日报，2020-01-09（5）．

[6] 刘伶．李四光——急国所急 赤诚报国［J］．地理教学，2022（09）：63-65．

[7] 邹宗平．努力向学，蔚为国用——我的外公李四光［N］．光明日报，2021-05-09（11）．

[8] 赵赓．李四光：摘掉中国贫油帽子的功勋［J］．党史文汇，2010（11）：4-9，1．

[9] 张晓华，杨顺玺．王淦昌：我愿以身许祖国［EB/OL］．（2022-08-03）［2023-04-04］．https://www.tsinghua.edu.cn/info/1662/97059.htm．

[10] 张莹，孙咏萍．物理学家王淦昌的科学人生［J］．物理教师，2020，41（2）：78-80，83．

[11] 虞昊．叶企孙与王淦昌师生之间一段未为人知的历史及其对后人的启示［J］．中国科技史料，2002，23（4）：287-293．

[12] 云峰．王淦昌"错失"诺贝尔奖［J］．现代班组，2020（12）：41．

[13] 康日新．核工业人爱国奉献的楷模——纪念王淦昌同志诞辰100周年［J］．物理，2007，36（5）：345-346．

[14] 高彤．朱亚杰那些事［J］．国企管理，2021（22）：74-77．

[15] 刘积舜．学高德馨育人 烛火丹心为国——追怀人造石油学科创始人、中国科学院院士、中

国石油大学（华东）教授朱亚杰［J］．山东教育（高教），2019（10）：39 - 41．

［16］张克群．流体力学家陆士嘉［M］．北京：现代出版社，2006．

［17］孙琛辉，贾爱平．陆士嘉：做中国的居里夫人——我国第一个空气动力学专业的创办者［J］．北京教育（高教），2017（10）：93 - 96．

［18］杨绍琼，姜楠．那些年，北洋航空那些事儿［C］//．中国力学大会 - 2017 暨庆祝中国力学学会成立 60 周年大会论文集（C）．2017：1371 - 1380．

［19］漆丹．陆士嘉：心有担当　方能翱翔［N］．中国科学报，2021 - 04 - 20（6）．

［20］蔡德麟．探索的小卒　铺路的石子——女流体力学家、力学教育家陆士嘉［J］．学会，1994（03）：42 - 44．

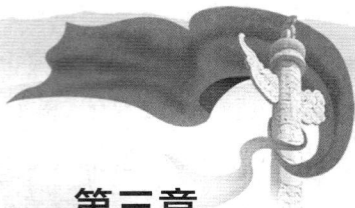

第三章

文 化 传 承

　　加强中华优秀传统文化教育，就是要引导青年学生深刻理解中华优秀传统文化的思想精华和时代价值，教育引导学生传承中华文脉，富有中国心、饱含中国情、充满中国味。中国古代科技所取得的辉煌成就，无不蕴涵着丰富的文化科学精神，充分体现了中华优秀传统文化所具有的独特传统、认识论、方法论和价值取向。

　　本章甄选了有关能源利用的若干古代科技案例，对其中蕴藏的民族智慧和传统科技文化元素进行了挖掘。中国古代科技思想包含中华民族自然主义的科技观、"志于道"的求是精神、"博学务本"的科研方法和"以德摄知"的知识观。继承和发扬中国古代科技思想方法，是传承中华优秀传统文化的重要内容，对推进中华文明复兴和社会主义文化建设有着重要意义。我们在充分认识中国古代科技传统的同时，还要深入发掘其中优秀传统文化的当代价值和现实意义，赋予其科学内涵，增进民族文化自信。

　　中国古代科技思想方法对发展未来科学也具有启迪意义。中华文化价值强调天人合一的和谐理念、包容开放的兼容之学、经世致用的实干精神，既注重伦理价值方面的和谐，也避免方法论上的极端，为科学与人文精神相结合的当代科技文明提供了启示。中国传统学术思想中强调事物整体性和自发性、协调与和谐的系统思维方法，对当前开展碳中和愿景下的能源科学研究具有重要的启发作用。

案例 3-1 天问：中华民族的宇宙探索

一、案例内容

中国行星探测工程被命名为"天问系列"。2021 年 5 月 15 日"天问一号"火星探测器在火星表面软着陆，一周后火星车"祝融号"开展巡视探测。从此，火星上开始留下了中国人的印迹。

祝融是中国上古神话谱系中的火神，而"天问"之名则源自战国时期伟大的爱国诗人屈原的诗作《天问》。但关于这首诗的内容寓意及其背后历史典故，却少有人知。其实，《天问》远不止是一首诗歌，它的诞生就引发了世人探索未知的兴趣，也代表了中华民族追寻宇宙奥妙的千年之叹和不懈努力。

1. 洞庭湖畔屈子问天

两千多年前的一天，楚国境内的八百里洞庭上一片祥和，火红的阳光映照在水面上，波光粼粼间划过一叶叶扁舟。渔夫们一边唱着渔歌号子，一边忙着撒网捕鱼。这时，湖边走来一名男子，他身材瘦长，脸庞清癯，目光深邃，穿着齐脚的长袍，腰间佩着一把长剑（屈原石雕见图 3-1）。他时而仰望天空，时而远眺君山，不禁轻声吟诵起来：

"遂古之初，谁传道之？

上下未形，何由考之？

冥昭瞢闇，谁能极之？

冯翼惟象，何以识之？

明明闇闇，惟时何为？

阴阳三合，何本何化？

……"

图 3-1　屈原天问坛石雕

屈原创作的这首长诗《天问》，从天地离分、阴阳变化、日月星辰等自然现象，一直问到神话传说乃至圣贤凶顽和治乱兴衰等历史故事，表现了他对某些传统观念的大胆怀疑，真是"放言无惮，为前人所不敢言"。但屈原只问不答，其中对天文方面的三十问，给人们留下了无穷的思索空间。

"请问远古开始之时，谁将此态流传导引？

天地尚未成形之前，又从哪里得以产生？

明暗不分混沌一片，谁能探究根本原因？

迷迷蒙蒙这种现象，怎么识别将它认清？

白天光明夜晚黑暗，究竟它是为何而然？

阴阳参合而生宇宙，哪是本体哪是演变？

天的体制传为九重，有谁曾去环绕量度？

这是多么大的工程，是谁开始把它建筑？

天体轴绳系在哪里？天极不动设在哪里？

八柱撑天对着何方？东南为何缺损不齐？

平面上的九天边际，抵达何处联属何方？

边边相交隅角很多，又有谁能知其数量？

天在哪里与地交会？黄道怎样十二等分？

日月天体如何连属？众星在天如何置陈？

太阳是从旸谷出来，止宿则在蒙汜之地。

打从天亮直到天黑，所走之路究竟几里？

月亮有着什么德行，竟能死了又再重生？

月中黑点那是何物，是否兔子腹中藏身？

天门关闭为何天黑？天门开启为何天亮？

东方角宿还没放光，太阳又在哪里匿藏？"

此后，在屈原《天问》的启示和精神引导下，许多后来者纷纷提出了自己的观点。比屈原出生稍晚的荀子著有《天论》，汉代王充著有《谈天》，唐朝柳宗元著有《天说》和《天对》、刘禹锡著有《天论》，这些先贤们都探索了宇宙万物奥秘，提出了自己的思想。其中柳宗元以一篇长篇怪诗《天对》逐一回答了屈原提出的问题，反映了在当时自然科学水平下对宇宙万物的认识，形成了独具一格的自然哲学思想。

2. 火星拓上中国印迹

2020 年 7 月 23 日，天问一号在文昌航天发射场由长征五号遥四运载火箭发射升空，成功进入预定轨道。经过近 7 个月的航程与 3 个月的环绕火星飞行，2021年 5 月 15 日，"天问一号"在火星表面上成功软着陆。随即，"天问一号"释放出以中国古代神话中火神命名的"祝融号"火星车，开始了巡视探测等工作，对火星的表面形貌、土壤特性、物质成分、水冰、大气、电离层、磁场等开展科学探测，实现了中国在深空探测领域的技术跨越。在世界航天史上，"天问一号"与"祝融"不仅在火星上首次留下中国人的印迹，而且一次性成功实现了完成火星环绕、着陆和巡视三大目标，充分展现了中国航天人的智慧。

2021 年 6 月 11 日，中国国家航天局举行了"天问一号"探测器着陆火星首批科学影像图揭幕仪式，公布了由"祝融号"火星车拍摄的着陆点全景、火星地形地貌、"中国印迹"和"着巡合影"等首批科学影像图，标志着中国首次火星探测任务取得圆满成功。其中，"中国印迹"图是火星车行驶到着陆平台东偏南 60°方向约 6 米处拍摄的着陆平台影像图。图像显示，着陆平台熠熠生辉，国旗鲜红方正，表面地貌细节丰富。"着巡合影"（见图 3-2）是火星车行驶至着陆平台南向约 10 米处，释放安装在车底部的分离相机，之后火星车退至着陆平台附近，分离相机拍摄的火星车与着陆平台的合影。图像通过无线信号传送到火星车，再由火星车通过环绕器中继传回地面。6 月 27 日，国家航天局发布中国"天问一号"火星探测任务着陆和巡视探测系列实拍影像。其中，"祝融号"火星车火星表面移动过程视频是人类首次获取火星车在火星表面的移动过程影像。2021 年 11 月 8 日，"天问一号"环绕器成功实施第五次近火制动，准确进入遥感使命轨道，开展火星全球遥感探测。2022 年2 月 4 日，在轨运行 561 天的"天问一号"从火星祝贺北京冬奥会盛大开幕。

图 3-2　"着巡合影"——火星车与着陆平台的科学影像图

📖 二、思政要点解析

《天问》一诗包含了对天地离分、阴阳变化、日月星辰等自然现象的发问，这本就契合了太空探索的主题。两千多年前，古人发出了"天问"，如今我们去探索和解密，表达了中华民族对真理追求的坚韧与执着。用"天问"作为火星探测器的名字，反映了中华民族不畏艰险挫折、继续追天揽月的勇气以及和平共享美好太空的愿望，也是对中国航天事业的极大鼓舞。

《天问》中有许多关于"宇宙""自然"的发问，对宇宙学、天文学、地理学、自然学等现代学科的发展都具有启蒙作用。但是，限于当时人们的技术手段，这些问题只能从"哲学"的角度来解释。屈原虽然没有继续研究这些哲学问题，但是作为一个敢于质疑、敢于"呐喊"的人，在他所处的时代已经很了不起了。作为爱国诗人，屈原在历史上被塑造为爱国典范。即使在被流放期间，他依旧心系国家，关怀苍生疾苦。千百年来，这种爱国精神一直被传承着。新中国成立初期，大批爱国者也从海外突破重重阻碍毅然回国，又在航天探索征程上克服种种困难、迈出坚实步伐，研制了人造卫星、运载火箭……

时代在变迁，但不变的是铭刻在骨子里的中华文化印记。"天问"跨越历史千年，如今用于命名中国航天探测器，表明了中华民族在追求遥远和浩瀚的星空梦想上从未止步，只会向更远的星河去探索。我们的征途是星辰大海，"天问一号"的成功运行离不开新型推进动力系统、太阳能供电、超轻质的烧蚀防热材料等先进技术的集成，这有赖于许许多多科研工作者持之以恒的辛勤付出，也激励着能源动力类大学生们踏实学习、奋发有为。

案例 3 - 2　都江堰：伟大的生态水利工程

一、案例内容

都江堰水利工程（见图 3 - 3）位于成都平原以西，始建于秦昭王末年（约公元前 256 年～前 251 年）。在都江堰修建之前，雨量充沛时，岷江河水冲入平原往往泛滥成灾；雨水不足时，又会造成干旱。秦国蜀郡太守李冰主持修建都江堰水利工程后，成都平原从此成为"天府之国"。那么，都江堰为什么会被称为"生态水利工程"，这其中藏着什么奥秘呢？

图 3-3　都江堰体现了水利工程与自然环境的和谐互融

1. 都江堰的修建历史

从青藏高原奔腾而出的岷江，在巴蜀境内河床整体向东南倾斜，落差甚至高达二百多米。每到洪水季，岷江的江水席卷着砂土碎石铺天盖地而来，泛滥成灾；而到了旱季，水几乎没有力量翻过大坡到达成都平原。长久以来，岷江带来的洪涝和干旱一直都是成都平原的一大隐患，造成土地贫瘠、民不聊生。

约公元前 256 年～前 251 年，蜀郡太守李冰总结了前人治水的经验，组织岷江两岸人民修建都江堰。李冰注重实地考察，根据岷江出高山峡谷、河面开阔、流速顿减以及左岸一带山势弯环的地形特点，精心设计了都江堰水利工程。都江堰的主体工程包括"鱼嘴"分水堤、"飞沙堰"溢洪道和"宝瓶口"进水口。三者有机配合，引水灌田、分洪减灾，具有"分四六，平潦旱"的功效。

首先，需要凿穿玉垒山，将岷江水分流。因为只有将位于关键位置的玉垒山凿出一个口子，使岷江水在东边分支出去，才可以相应地减少西边江水的水量，使其无法在成都平原上泛滥，同时也能灌溉东边地区，缓解土地干旱缺水的情况。由于当时并没有可以大面积炸山的火器，李冰便带领民众采用最原始的方法——以火烧石，泼冷水使岩石爆裂，再加上人力的穿凿，最终在玉垒山凿出了一个大约宽20米、高40米、长80米的山口。因外观似瓶口，故取名"宝瓶口"。

其次，为了使岷江江水在枯水季节也能顺利流入成都平原，在开凿完"宝瓶口"以后，李冰决定在岷江上游修筑一个"小阀门"。这个"小阀门"由大量石块细细密密地挤压砌成，流水顺着它的形状自动一分为二。由于前端的形状像一条鱼的头部，所以被称为"鱼嘴"。"鱼嘴"的建成彻底将岷江上游的江水分为东西两条：西边的江水称为外江，沿着岷江顺流而下；东边的江水称为内江，直接定向流入"宝瓶口"。由于内江比外江地势低，每当丰水季节，岷江江水从高处流入低处，江水表层较清澈的水就会进入内江，而江水底层含有泥沙碎石的浊水就会遗留在外江，这就在很大程度上解决了内江淤泥碎石堵塞的问题。

最后，为了进一步准确灵敏地控制岷江江水流入"宝瓶口"的水量和冲积而来的碎石泥沙，防止成都平原出现进水量不能保持相对稳定的情况，李冰决定在"鱼嘴"和"宝瓶口"的中间位置，再开一条泄洪道来分流岷江东边的江水。于是，李冰动工修建"飞沙堰"，再次把岷江东一分为二。

在修建"飞沙堰"时，叠加沙袋和石块抵挡不了岷江河床落差过大带来的巨大水流冲力，无法在急流里顺利搭建一个坚固的石墙。李冰左思右想，组织当地百姓砍竹编织竹笼，然后在竹笼里塞满大石块和鹅卵石，由大量劳工有序地投入江中，终于建成了"飞沙堰"。于是，来到"宝瓶口"的水流量一旦达到上限，高出来的水就能全部从"飞沙堰"漫过去，流回原来"鱼嘴"划分的外江水道，这样就避免了丰水季节水量过大而淹没成都平原的情况。同时，岷江江水带来的泥沙碎石也会随着水流被抛入外江，不会堆积堵塞在"宝瓶口"，也不会流入成都平原造成影响。

2. 都江堰水利工程的原理

都江堰是"水利工程史上的奇迹"，它巧妙利用地形与水势，实现了无坝引水。都江堰水利工程的三大主体工程分别是——鱼嘴、飞沙堰、宝瓶口（见图3-4），整个工程系统地通过两级的自动分流、两级的自动排沙，自动调节水量，保证了成都平原河道的安全。

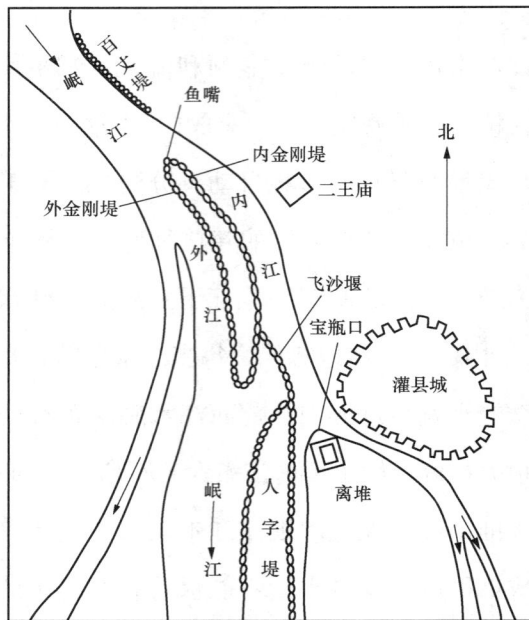

图 3-4 都江堰工程地形示意

（1）两级自动分流。岷江水流至鱼嘴时被分水堤分为内江和外江，实现自动分流。内江位于东面，在玉垒山脚下，用于灌溉成都平原；外江用于泄洪，流至新津城区附近时，先后有西河、南河水流汇入，再流至乐山时与青衣江、大渡河汇合，继续流至宜宾时汇入长江。

由流体力学的基本知识，可知：Q（流量）＝A（过水断面面积）×U（断面平均流速）；水流动力轴线具有"低水傍岸，高水居中"的特点。由此可以推得：在枯水期，由于内江河床比外江河床低，水往低处流，$A_{内江} > A_{外江}$；"低水傍岸"，枯水期时流速最大处偏于岸边（内江），$U_{内江} > U_{外江}$；A 与 U 的乘积一对比，$Q_{内江} > Q_{外江}$。

在洪水期，水位升高，由于内江河道比外江河道窄，即 $A_{内江} < A_{外江}$；"高水居中"，洪水期时流速最大处偏于中间（外江），$U_{内江} < U_{外江}$；A 与 U 的乘积一对比，$Q_{内江} < Q_{外江}$。

因此，在枯水期，岷江有六成水流入内江，四成水排向外江；洪水期时，岷江有四成水流入内江，六成水排向外江。水量的自动调节，保证了成都平原的水量稳定。这是都江堰水利工程的第一级自动分流。

当洪水到来，内江水流过大时，进入成都平原的水量被宝瓶口控制，多余的水经过飞沙堰排向外江。这是都江堰水利工程的第二级自动分流。

（2）两级自动排沙。由于河道是弯曲的，根据环道环流原理，岷江表层清水会流向河流凹岸（内江），而含沙石的底层水会流向河流凸岸（外江），岷江水流中大部分的沙石被外江巨大的水流带走。这是都江堰水利工程的第一级自动排沙。

内江的水流依然会携带部分沙石，这个时候就能发挥飞沙堰、宝瓶口、离堆的作用了。飞沙堰主要作用是排内江的沙石，宝瓶口主要作用是控制内江水量，离堆原为玉垒山山脉，因开凿宝瓶口，与玉垒山分离。由于宝瓶口比内江狭窄，内江水流至此处时河道突然变窄，再加上离堆对水流的阻拦会形成回流，水中的沙石被甩至飞沙堰。这是都江堰水利工程的第二级自动排沙。剩余的少量沙石沉淀在飞沙堰对面的凤栖窝，每年由人工掏出。

📖 二、思政要点解析

世界上很多古老的文明都曾有过宏伟浩大的水利工程，然而它们都在历史的风烟之中消失不见。唯有中国的都江堰，跨越2000多年的历史仍长盛不衰，依然发挥着重要的作用，成为中国水利工程史上的伟大奇迹、世界水利工程的璀璨明珠。2018年8月都江堰被列入世界灌溉工程遗产名录，联合国世界遗产委员会评价它"是全世界迄今为止，年代最久、唯一留存、以无坝引水为特征的宏大水利工程"。

始建于战国时期的都江堰，就是根据岷江的洪涝规律和成都平原的地势特点，因势利导建设的大型生态水利工程，不仅造福当时，而且泽被后世。李冰在建造这座水利工程时，没有人为地去破坏自然资源，而是因地制宜充分利用特殊地形，充分顺应了都江堰的地势特点，顺应自然、顺应水沙运动规律，体现着典型的"分疏治水"理念。在分水方面，通过对鱼嘴和河道深度、宽度的巧妙设计，实现了枯水期内江也能得到灌溉所需的水量、洪水期内江仍能保持合理水量的目的；在排沙方面，通过对河道的特殊设计，利用自然力分水排沙，不仅简单易行成本低，而且对工程的系统性破坏小，更利于工程的长期运行。

都江堰的创建，以不破坏自然资源、充分利用自然资源为人类服务为前提，变害为利，达到了人与自然的和谐共生，体现了中华传统文化中天人合一、顺应自然的思想。这就是都江堰水利工程历经两千余年依旧生生不息、造福于一方人民的重要原因。都江堰的修建，是古代劳动人民认识自然、改造自然的伟大实践，是中华传统文化的优秀成果。从中我们可以认识到，要有效解决当今人类生存与发展面临的诸多难题，可从中华优秀传统文化思想和智慧中汲取营养，尊重自然，以人为本，变害为利，才能达到可持续发展的目标。

案例 3-3　中国古代建筑的"冷暖"智慧

一、案例内容

现代建筑都要配备采暖和空调设备，才能使人们在炎炎夏季和寒冷冬季获得舒适的室内环境。然而，古代没有任何电气设备，人们是怎样御寒防暑的呢？这就要归功于古代劳动人民的智慧了。由于合理的建筑朝向、适当的建筑材料、独特的通风结构、有效的采暖措施等，中国古代建筑具有了冬暖夏凉的特点。

1. 建筑朝向

古代建筑的朝向非常重要。汉代政治家晁错提出，在选择城址时应当"相其阴阳之和，尝其水泉之味，审其土地之宜，正阡陌之界"。也就是以北为阴、南为阳，山北水南为阴、山南水北为阳为判断基准。因此，在传统建筑环境的选择上，以北高南低、地势开阔、邻近水源之地作为城池、村落理想的建造场所，这种地势极利于建筑的防暑御寒。

　　独立的建筑大多也选择坐北朝南。中国古代汉族民居多数采用四合院的形式建造，这种设计最大程度体现了防暑御寒的需要。以北京四合院为例（见图 3-5），整体坐北朝南，各个房屋围合而成一个面积较大的院落。门窗皆朝向内院，这样迎合了太阳光入射方向，最大限度地增加了采光面积，提高了室内的太阳辐射热量。西面也会设窗，等日落西斜可以得到阳光的照射。外部包以厚墙，屋架结构采用抬梁式构架。这种建筑形式，可在冬季获得较充沛的日照，避免寒风的侵袭；到了夏天，屋内也感觉不到阳光的强烈照射。坐北朝南的房屋一般被称为"正屋"，给一家中最尊贵的人居住。中国自古重视孝道，所以正屋一般由长辈居住；而东西向的房屋被分别称为"东厢房""西厢房"。

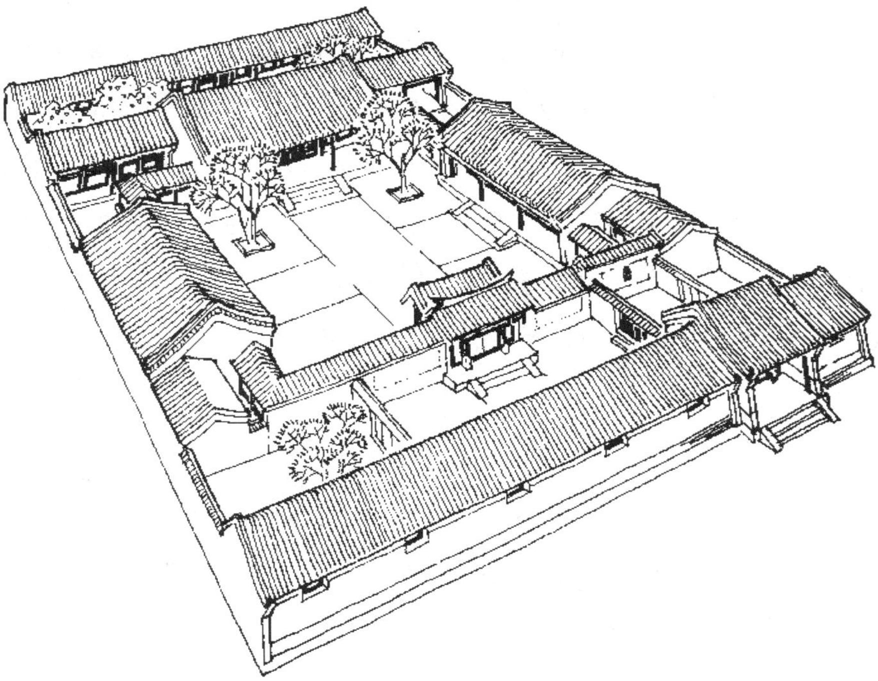

图 3-5　中国古代四合院的建筑形式

　　当然，以现代的地理知识，我们都知道我国处于地球北半球、欧亚大陆东部，属于大陆性季风气候，冬季寒风来自北方。然而，古人们连地球是圆的都不知道，自然解释不了其中的科学道理。但古代建筑所遵循的坐北朝南原则，是对人与自然和谐共生的认识，体现了中国古代人民的智慧。

2. 建筑材料

中国古建筑和西方古建筑在材料上有很大的差异。西方建筑多为砖石结构且华丽，强调的是"纪念性"，即区别于周围环境的卓尔不群。中国古建筑多是以木构为主要结构体系，强调"风土建筑"，讲究的是建筑与自然的融合共生，认为这样的建筑才能跟着自然一起生长传承。

中国古代建筑的材料施工也非常有利于建筑保温隔热。首先，建筑采用木构架结构，即木柱、木梁构成房屋的框架，具有优良的保温效果（见图 3-6）。夏季时，架空层使屋顶变成两次传热：太阳辐射热经屋顶泥背层进入屋顶内，再通过天花板之上的架空层继续往下传向地面，此时热量已大大减少。其次，墙体一般采用厚重的土坯、青砖砌筑，也有用黏土版筑或石块砌成，墙体内部还灌注灰浆。这样的墙体不但隔热、保温性能好，而且蓄热能力强，避免了建筑对外过度导热。最后，屋顶的檩、椽以上的部分由木板、苇席或其他秸秆、草秸及土层覆盖后，又进行抹泥、铺瓦等。屋顶瓦片为天然的防水层，冬季还可用来阻挡寒风，利于建筑的御寒；保温层为苇席及其所铺设厚厚的草秸。屋顶瓦片间的缝隙可用于通风，自然风从瓦缝中进入屋里，屋内的热气也可从缝隙中流出。

3. 通风结构

我国属于亚热带季风气候显著地区，夏季盛行从海洋吹向陆地的东南季风。所以，古代建筑南面以通透为主，同时在建筑北向通常会设置小窗，让风从南面进北面出，即所谓的穿堂风，以带走室内的热空气。北墙以及东、西山墙也不开窗，仅于南面开设门洞、窗洞，增加采光的同时，也避免了冬季北风的直接吹入，有效提高了建筑的御寒能力。

古建筑的墙体很厚，在与木柱相交的位置附近，砌墙时往往会把柱子包起来。封闭在墙体里的柱子，如果不经常通风干燥，很容易产生糟朽。为解决这一问题，古代工匠利用古建砖料巧妙地制作了一种"空气循环器"——透风。依靠墙体外风力造成的风压和墙体内外空气温度差，造成的热压等自然力驱使空气流动，使

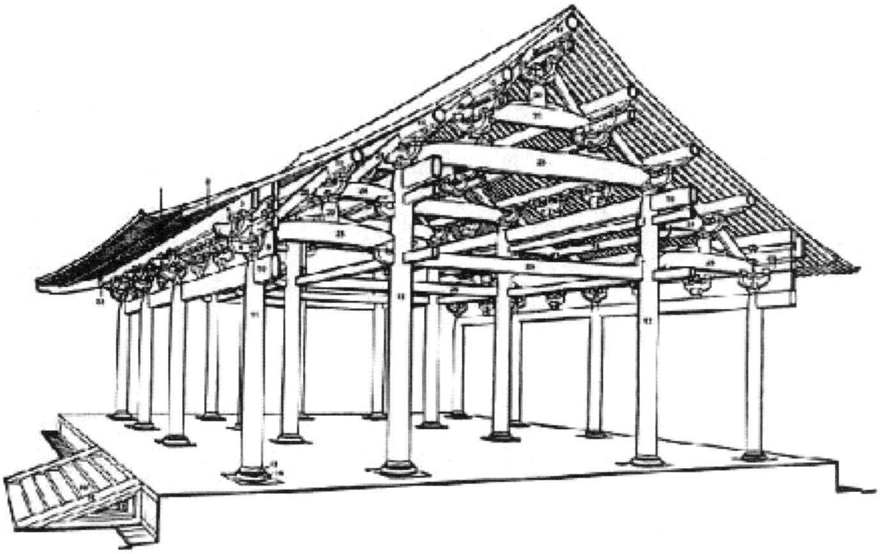

图 3 - 6 宋《营造法式》殿堂大木作制度示意

建筑内外形成空气交换，从而调节墙体附近木柱的湿度环境，保证木柱本身的干燥状态。设置透风的墙体上，一般会在底部和顶部各设置一个，并保持两个透风在同一竖直线上，以形成空气对流和循环。空气从底部透风进入，沿着柱身往上流动，再从柱顶位置的透风排出，盛夏时可以使室内热气流的排出加速。

此外，南方的天井不得不说是中国古建筑的一项伟大发明，以至于很多现代建筑依然在室内植入这种设计。天井在解决采光问题的同时，形成上下气流的贯通，让室外风进入室内从天井排出形成自然的"空调系统"。

4. 取暖方法

中国北方冬季寒冷，古代工匠在砌筑墙体时，将建筑的部分墙体进行特殊的处理，砌成空心的夹墙，上部留有气孔。随后将其与墙外屋檐下的添柴口相连。隆冬时节，人们于檐下生火添柴，就可使热气顺着夹墙温暖建筑的室内空间，同时避免了室内遭受烟熏火燎。有的夹墙还与火炉、火炕或灶台相连，在烧火炉或者做饭的时候，由于烟气的流通，火墙的温度也会逐渐升高，整个房间都会有温暖的感觉。

我国的北方还有砌筑火炕的传统。据《宋文鉴》记载，北方女真族"环屋为土床，炽火其下，而饮食起居其上，谓之炕，以取其暖"。记载中所说的"土床"其实就是火炕，一般多以土坯搭建而成。"屋内四周垒炕，外面以石砌成，中空，于两端之近门处从上凿孔修灶。故炊烟不外溢，均经炕洞达屋之四周后，从屋外之木烟筒中冒出。因此，严冬积雪季节，屋内亦感温暖，不穴居亦可过冬"（间宫林藏《东鞑纪行》）。这样，火炕就成为抵御寒冬的重要方式，使得人们能够度过漫长而寒冷的冬夜。

这些取暖方法也被引进到了紫禁城中，在这座古老的皇宫底下蕴藏着一个庞大的地下取暖系统。在冬季到来之前，就会有专人负责向地下源源不断地填充煤炭。当这个庞大的系统运作起来之后，热气顺着地面以下的火道流动，使地面的温度提高，从而达到提高室温的目的。皇宫内的各个房间都会快速温暖起来，堪称最具科技含量的"地暖"工程。

二、思政要点解析

中华文化博大精深，很多优秀的传统文化如今已被人们奉为经典。虽然古代建筑离现在已渐遥远，但建筑文化已成为中华文化传承的重要部分。在发展现代科技和改进生产生活方式时，要善于从中国古代建筑中吸收文化给养，使其得以传承和延续。

中国古代建筑在防暑御寒问题上的成功解决，是古代工匠智慧的结晶，其中蕴含的丰富思想依然值得我们学习借鉴。在技术与工具都非常落后的年代，人们能够通过合理的建筑朝向、适当的建筑材料、独特的通风结构、有效的采暖措施等方法，获得适宜的室内生活环境，是十分了不起的。中国古代建筑凝结的"冷暖"智慧也体现了深刻的流体力学、传热学的基本原理。例如，即使当时没有现代的保温隔热材料，但古建筑的主材自带保温隔热属性。从导热系数来看，作为结构的木材，作为墙体维护材料的夯土，作为屋顶的瓦片、茅草，其导热系数都是很低的，有利于阻隔热量的传递。这样的建筑材料，既起到了对室内的保温作用，同时也阻挡了烈日暴晒下高温的青瓦向室内的热传导作用。

如今，在建筑能源利用领域，如何降低建筑能耗不仅是个技术问题，也是关系到生态文明建设的能源与环境问题。这需要我们充分理解中国古代建筑所蕴含的设计思想，遵循因地制宜的原则，发展出实现人与自然和谐共生的高质量建筑技术，节约能源和资源，回归自然。采用节能的建筑围护结构以及采暖和空调，并根据地理条件充分利用环境提供的天然可再生能源。减少资源的使用，尽可能采用天然材料，力求使资源可再生利用。让建筑与周边环境相融合，和谐一致、动静互补，做到保护自然生态环境，进而在为人们提供健康、适用、高效的使用空间的同时，促进经济社会的可持续发展。

案例 3-4 中国古代水力的妙用

一、案例内容

中国有几千年农耕文明的历史，农业发展水平一直居世界前列。在古代农业生产中，水力成为农业发展重要的动力资源。由于地形的限制，自流灌溉毕竟是少数，大多数的农田水利必须借助工具才能实施，因此灌溉工具起着举足轻重的作用。我们的祖先发明和使用了各种各样的水力机械，用于农业生产和粮食加工，其中有些工具在今天的一些乡村仍然在继续使用。

1. 筒车

筒车亦称"水转筒车"（见图 3-7），是一种以水流作动力取水灌田的工具。筒车的主要机构是一个水轮，其原理为：在水流很急的岸旁打下两个硬桩，制一大轮，将大轮的轴搁在桩叉上。大轮上半部高出堤岸，下半部浸在水里，可自由转动。大轮轮辐外受水板上斜系有一个个竹筒，岸旁凑近轮上水筒的位置设有水槽。当大轮受水板受急流冲激，轮子转动，水筒中灌满水，转过轮顶时，筒口向下倾斜，水恰好倒入水槽，并沿水槽流向田间。此种筒车日夜不停车水浇地，不用人畜之力，功效高。筒车的水筒与水轮连成一体，既是接受水力的驱动构件，又是提水倒水的工作构件，设计紧凑，构思巧妙。

有关筒车的最早记载是约九世纪时陈廷章的《水轮赋》："水能利物，轮乃曲成。升降满农夫之用，低徊随匠氏之程。始崩腾以电散，俄宛转以风生。虽破浪于川湄，善行无迹；既斡流于波面，终夜有声。"这种靠水力驱动的古老筒车，映衬在郁郁葱葱的山林溪流间，构成了一幅自然和谐的田园春色图。

2. 连机碓

连机碓（见图3-8），是以水为动力的一种谷物加工工具，据说是西晋将领杜预发明。元代王祯《农书·农器图谱·机碓》记载："今人造作水轮，轮轴长可数尺，列贯横木，相交如枪之制。水激轮转，则轴间横木，间打所排碓梢，一起一落舂之，即连机碓也。"水碓的工作原理分为动力和舂捣两个部分。动力部分包含水车、拨杆及连通轴。将水车放置在水流中，水流带动水车转动，继而带动连通轴及其上面的拨杆进行转动。舂捣部分是由一个连杆支架和若干个木槌组成的。在木槌下方放置器皿，用以装载需要加工的物品；转动的拨杆拨动分木槌的一端，利用杠杆原理即可让木槌上下敲击，以此捣碎加工器皿中的物品。

图3-7 《天工开物》中的筒车　　图3-8 王祯《农书》所绘连机碓

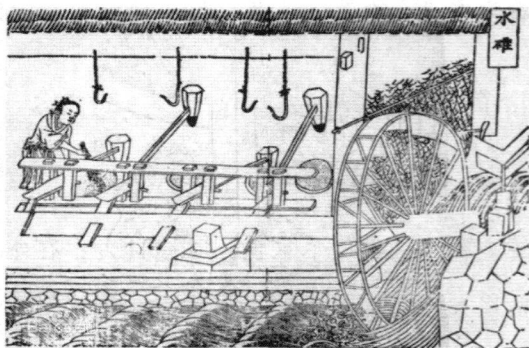

76

到东晋时，连机碓已经被广为应用，由于使用了连机碓来加工谷物，生产效率大大提高。一直到清末民国初，历久不废，直至 20 世纪 20 年代才逐渐为柴油机碾米机所替代。连机碓不仅用于谷物加工，还用于舂碎陶土、香料等，对我国古代农业生产作出了重要贡献。

3. 龙骨水车

现在农村使用电动水泵进行农田灌溉是很普遍的现象，可在古代农田灌溉基本上还是使用木制的汲水装置——龙骨水车（见图 3-9），是由三国时期曹魏发明家马钧发明的，其主要由木链、水、刮板等组成，节节木链似根根龙骨，因此得名龙骨水车。龙骨水车适合近距离、提水高度在 1～2 米的场合，比较适合平原地区使用，或者作为灌溉工程的辅助设施。它提水时，一般安放在河边，下端水槽和刮板直伸水下，利用链轮传动原理，以人力（或畜力）为动力，带动木链周而复始地翻转，装在木链上的刮板就能顺着水把河水提升到岸上，进行农用灌溉。这种水车的出现，对解决排灌问题起了极其重要的作用。最初的龙骨水车是用人力转动的，后来我国人民又创制了利用畜力、风力、水力等转动的多种水车。

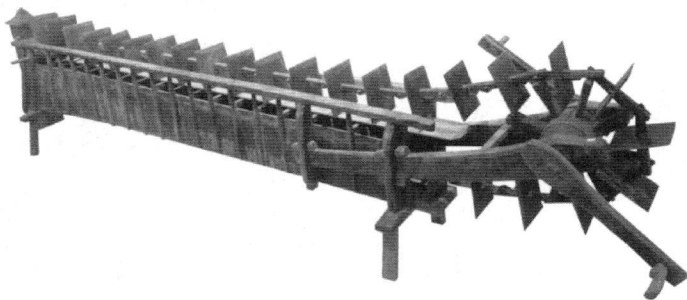

图 3-9　龙骨水车

唐宋以来农田灌溉、排水及运河供水中，龙骨水车是使用最普遍的提水机械。南宋陆游《春晚即景》就曾记载："龙骨车鸣水入塘，雨来犹可望丰穰。"元代王祯《农书》绘制了不同动力的龙骨水车的图谱，其中人力水车有脚踏、手摇等，畜力水车有牛车、驴车等，为明代宋应星《天工开物》改绘的三种龙骨水车。由于这种龙骨水车结构合理，可靠实用，所以能一代代流传下来，直到近代才被农用水泵所取代。

4. 水转碾磨

水转碾磨（见图 3 - 10）是用水力作为动力的碾磨机械，发明时间大约在晋代。三国时期马钧制造了一个由水轮转动的大型歌舞木偶机械，包括以此水轮带动舂、磨。杜预造连机碓，也可能包括水磨。南齐明帝建武年间，祖冲之在建业造水碓磨，这显然是以水轮同时驱动碓与磨的机械。同时，崔亮在雍州"造水碾磨数十区，其利十倍，国用便之"，以水轮同时驱动碾与磨。

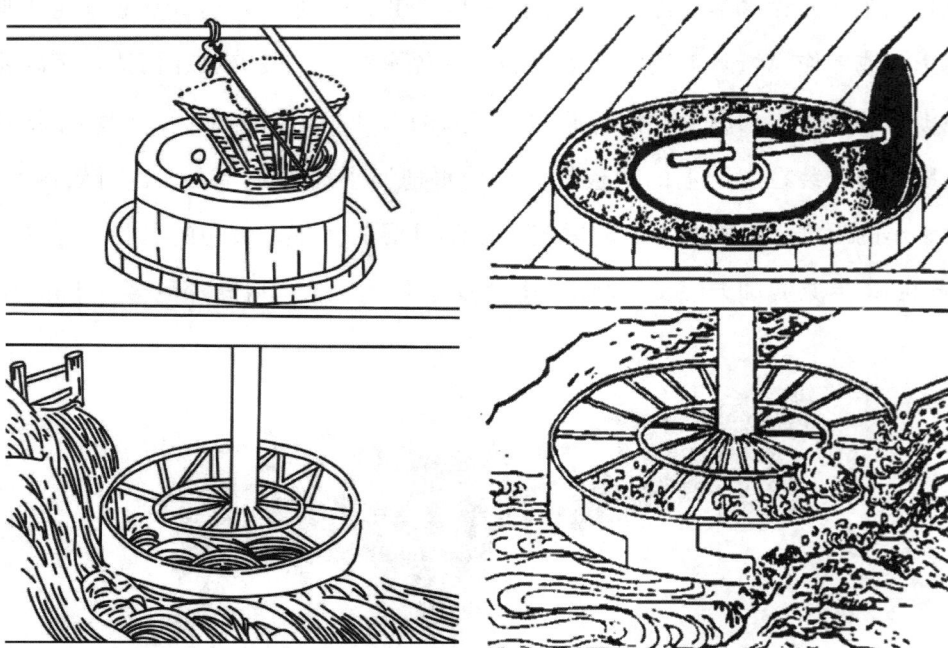

图 3 - 10 王祯《农书》所绘水磨、水碾

水磨的动力部分是一个卧式水轮，在轮的立轴上安装磨的上扇，流水冲动水轮带动磨转动，这种磨适合于安装在水的冲动力比较大的地方。假如水的冲动力比较小，但是水量比较大，可以采用立轮水磨：在轮轴上安装一个齿轮，与磨轴下部平装的一个齿轮相衔接，水轮的转动是通过齿轮使磨转动的。这两种形式的水磨构造比较简单，应用很广。

水碾是魏晋南北朝时发明的谷物加工机械，用于谷物脱壳或去麸。碾与磨比较，磨有上、下两扇磨盘，中轴直穿，下层固定，上层旋转，作滑动摩擦；而碾则只有一扇磨盘，中轴固定，上安横轴，轴上装滚轮旋转，作滚动摩擦。水碾的基本结构是在一扇大磨盘中设中轴，并装一根横轴，横轴一端装一个滚轮，利用水轮带动轴转，使滚轮滚动摩擦，实现谷物脱壳或去麸，工效高于畜力碾。

车轮到水轮的发展是技术史，也是人类文明史进步的标志。仅从水碓、水磨的发展可见古代中国人在这方面取得的成就。王祯在其《农书》中还提及了水转纺车，其原理与水转碾磨相同：水轮轴带动纺车大轮，通过绳带传送，纺车大轮将运动传递到纺车各机件，这样便可使整个机器转动起来。

二、思政要点解析

中国古代文明异彩纷呈，长久以来都是以农耕文明为基础的。千百年来，劳动人民在水力机械方面的巧思妙想，为农业的发展进步提供了动力。据文献记载，中国古代农业水力机械有用于灌溉的水车，有用于粮食加工的水磨、水碾、水碓，还有组合巧妙、可以实现多种功能的"水轮三事"，以及用1个水轮带动9盘水磨的高效"九转连磨"。成书于公元1313年的王祯《农书》，不仅介绍了这些水力机械的名称、功能和工作原理，而且绘制了机械图，使我们可以清楚地了解这些古代水力机械的形制和工作状况。18世纪工业革命以后，随着蒸汽机、柴油机、电动机的发明，这些水力机械才完成其历史使命，逐渐被现代机械所取代。

这些古代水力机械是中国古代劳动人民充分利用水力发展出来的，是中国农耕文明的重要组成部分，体现了中华民族的创造力，见证了中国农业文明。它们的发明奠定了中国古代人民安居乐业、社会和谐稳定的物质基础。这些水力机械所蕴含的丰富的中华思想文化，依然具有不朽的生命力。例如，龙骨水车作为灌溉机具现在已被电动水泵取代了，但这种水车链轮传动、翻板提升的工作原理至今仍在应用。在海岸、港口疏浚河道的斗式挖泥机，那一个个回转挖泥的泥斗，就是从水车的提水翻板脱胎而来，仿佛是一眼千年的历史印记。

案例 3-5　中国古代的节能"黑科技"

一、案例内容

"节能降碳，绿色发展"是当今社会的主题，就是要倡导绿色低碳生产生活方式，在全社会营造节能低碳浓厚氛围，促进人与自然和谐发展。在技术落后、物资匮乏的古代，节能同样受到相当的重视。古人依靠智慧发明创造出了许多节能"黑科技"，很多巧思妙想让现代人都为之赞叹。

1. 节能环保灯

青铜雁鱼灯（见图3-11左），是从汉代海昏侯主墓北藏阁出土的文物，极具智慧与创造力地将艺术与环保融于一体。雁鱼灯整体造型古朴优雅，精致独特。雁的额顶有冠，眼圆睁，颈修长，体宽肥，身体两侧铸有羽翼，短尾上翘，双足并立，掌有蹼。雁喙张开，衔一鱼，鱼身短肥，下接灯罩盖。鸿雁衔鱼这种写实生动的造型，将中国古代灯具柔美典雅、巧夺天工的神韵展现得淋漓尽致。雁鱼灯利用了大雁的脖子作为虹管，灯座可以盛水，利用虹管吸收灯烟送入灯座，使其溶于水中。灯罩设计为两片弧形板，可左右转动开合，既能挡风又能调节灯光亮度。另外雁鱼灯的四个部分均可自由拆装，以便揩拭和清理烟尘。在雁腹中注入了一些清水，烟尘就可溶入水中，巧妙避免了燃烧的烟气污染。

唐宋时期，在下层社会流行一种可以节能的省油灯，由于灯体是夹层，故被称为"夹灯盏"（见图3-11右）。夹灯盏初看与普通灯没多大区别，但它的碟壁有一个中空夹层，碟壁侧面有一个小圆嘴，用来向夹层里注水。南宋诗人陆游在《老学庵笔记》中就介绍了这种灯，使用时"注清冷水于其中，每夕一易之。寻常盏为火所灼而燥，故速干，此独不然，其省油几半"。节能原理在于，瓷质的夹灯盏比铜灯导热慢，夹层中的冷水可以起到降低灯体温度的作用，通过减少灯油的损耗和挥发，从而达到省油节能的目的。

图 3-11　青铜雁鱼灯（左）和夹灯盏（右）

2. 唐宋时期的 "空调房"

中国最早记载的 "空调房" 建筑是唐明皇时期的大明宫 "含凉殿"，它通过机械装置实现了人工降温的效果。唐代诗人张仲索《宫中乐》中记载："红果瑶池实，金盘露井冰；甘泉将避暑，台殿晓光凝。"所描述的就是 "含凉殿" 消暑的情景。据《唐语林·豪爽》记载："玄宗起凉殿，拾遗陈知节上疏极谏，上令力士召对。时暑毒方甚，上在凉殿，座后水激扇车，风猎衣襟。知节至，赐坐石榻。阴僭沈吟，仰不见日。四隅积水成帘飞洒，座内含冻。"当时恰逢酷暑天，拾遗陈知节给唐玄宗李隆基上书，唐玄宗找他到含凉殿谈话。陈知节看到大殿内有水激扇车，扇过来的凉风吹动着衣襟，令人遍体生凉。

当时陈知节认为劳民伤财，极力上书劝谏，唐玄宗则回复他 "卿论事宜审，勿以己方万乘也"。为了度过炎炎夏日，"含凉殿" 的降温设计不但充分体现了古代人民的智慧，在现代人看来还颇具低碳环保的意味。从原理上看，首先在建筑设计上避免阳光直射，周围有树荫遮蔽；其次设置了水能驱动的 "水激扇车"，相当于今天的"电风扇",风扇对着凉水吹从而形成了冷风;最后殿内有循环的冷水源,四边皆有水往下流淌,形成水帘。这是在宫殿的四檐装上水管,把水引到屋檐上。凉水在屋上循环,室内温度自然就下降了,而且降温效果极佳,达到"座内含冻"的效果。

到了宋代,夏季的"空调房"得到了进一步的改进,人与自然更为和谐。宋代皇宫中降温设计时尚,其"电风扇"是用鼓风机带动的"鼓以风轮"。风扇对着大厅里摆放的数百盆鲜花吹,"清芬满殿";在御座两旁,"各设金盆数十架,积雪如山"。从这个记载来看,宋代的"空调房"除了基本的降温手段之外,还采取了"空气净化"手段吹香风,以改善"空调房"内的空气质量。

3. 不费电的"冰箱"

人类用冰的历史十分久远。《周礼》中记载的所谓"冰鉴"(见图 3-12),就是暑天用来盛冰并冷藏食物的容器。算起来,"冰鉴"该是人类最早使用的"冰箱"了。设计奇巧、铸造精工的鉴缶,由盛酒器尊缶与鉴组成,方尊缶置于方鉴正中,方鉴有镂空花纹的盖,盖中间的方口正好套住方尊缶的颈部。鉴的底部设有活动机关,牢牢地固定着尊缶。鉴与尊缶之间有较大的空隙,应是夏天盛放冰块、冬天盛放热水之用。

明清时期,房间内出现了可移动式冷源,有点类似于现代的分体空调或冷风机。这种可移动式冷源当时被称为"冰桶",类似现代的"冰柜"或"冷柜"。它其实是用天然冰块降温的柜子,上面镂空,或为冷气出孔;中部空间还可储存食物、西瓜、冷饮。冰桶为木质结构,其设计和"冰鉴"相似。做成箱体结构的冰桶可作为重要的祛暑器具,以黄花梨木或红木制成。从外观上看,箱口大底小呈方斗形,腰部上下箍铜箍两周。箱两侧有铜环,铜环的用途是便于搬运。箱口覆两块对拼硬木盖板,板上镂雕钱形孔。这种"冰箱"不仅外形美观,而且在功能设计上也十分精巧科学。箱内挂锡,箱底有小孔。两块盖板中的一块固定在箱口上,另一块是活板。每当暑热来临,可将活板取下,箱内放冰块并将时新瓜果或饮料镇于冰上,随时取用。味道干爽清凉,让人用后觉得十分惬意,暑气顿消。

图 3-12 曾侯乙墓出土青铜冰鉴

由于锡的保护，冰水不致侵蚀木质的箱体，反而能从底部的小孔中渗出。

4. 古代 "净水机"

随着人们对健康的日益重视，饮水安全也受到了越来越多人的关注，现在的净水技术主要是反渗透和超滤技术。殊不知，中国古代就留下了很多净水方法。

我国采用明矾净水的最早文字记载，见于明崇祯十年（1637 年）宋应星刻印的科技类百科全书——《天工开物》。1745 年左右，一位叫纳瓦雷特的西班牙传教士出版了《帝国游记》，其中就明确记录了他目睹的一项神奇发明——黄河沿岸百姓大都掌握了用明矾使黄河水变清的技术。他还感慨道："这是自然的秘密，为当时西方所不知。"

在中国古代江南一带，人们打井都是在地上打一个深坑，在深坑中用石块铺好井底，垒起井壁，然后在井壁外围填充竹炭，再在竹炭外围垒起石块，一口水井就这样打成了。由于竹炭具有超强的净水和改善水质的功能，所以地底水经过井壁中竹炭的净化过滤，井水就变得清澈甘甜。古井中对于竹炭的运用，足以体现我们祖先的伟大智慧。

有关古代水质净化工程在各地都能找到现存的遗迹，有的至今还在使用。在浙江的一座村子里，有一组 5 个依次排开的水池。经专家鉴定，这组水池就是明代晚期户主家曾使用过的净水池。这套保留完好的古代净水系统，水源是用陶制水管铺成的输水道从七百多米外的山脚引来的。这组水池 5 个池子之间的水通过溢流方式传输，1 号池用于沉淀水中的泥沙；2 号池有加明矾等混凝剂的可能，与净化处理水质有关；3 号池池底平坦，面积最大，储水最多，可能用于水的再次沉淀，同时提供生活用水；4 号池底铺设讲究，在此沉淀后的水用于饮用；5 号池用于洗涤物品。

📖 二、思政要点解析

在源远流长、辉煌灿烂的中华优秀传统文化中，古代科学技术对中华文明和人类文明的发展作出了重要的贡献，影响深远。在相当长的历史时期内，我国古代科技处于世界领先水平。马克思就曾这样评价："火药、指南针、印刷术——这是预兆资产阶级到来的三大发明""总的来说变成科学复兴的手段，变成对精神发展创造必要前提的最强大的杠杆。"中国古代科技取得的成就，离不开中华优秀传统文化所独具的认识论、方法论和价值取向，这也是中华优秀传统文化需要传承的重要内容。

辉煌的古代科技文化为当代提供了有益的启示。首先，中国古代科技传统的巨大成就，离不开中外文化交流以及借鉴世界各国的科技文化成果。中华文明具有开放的心态、广阔的胸怀和强大的吸引力，重视中外文化交流，善于借鉴世界各国文化成果。从我国古代科技传统的发展来看，我们要有高瞻远瞩的全球视野，虚心学习各个国家和民族的伟大智慧。其次，我们对古代科技传统要有充分的认识，深入发掘古代科技传统的当代价值和现实意义，赋予其科学内涵，将其转化成宝贵的文化资源与财富，增进民族文化自觉，坚定民族自信。

中国古代在节能减排方面的发明创造对生态文明建设也具有启迪意义。当前，工业文明在带给我们日益富庶的物质生活的同时，也对人类赖以生存的自然环境造成了破坏。如何谋求社会发展与自然生态环境保护的和谐统一，成为当前关乎人类社会永续发展的重要课题。我国传统文化中的生态智慧同我国当前可持续发展理念一脉相承，为我国生态文明建设提供了重要理论指导和现实借鉴。作为能源动力类专业大学生，要自觉深入挖掘和继承传统文化中的生态智慧价值，将其同现代社会发展和生态文明建设需求有效连接，发挥自己的聪明才智，为推动节能减排和绿色发展作出自己的贡献。

参考文献

[1] 吉家林. 屈原《天问》与古人"天形态观"[J]. 云梦学刊，2007（06）：38-41.

[2] 梁衡. 数理化通俗演义［M］. 北京：北京师范大学出版社，1997.

[3] 卢哲. "天问一号"火星探测器着陆全过程.（2021-05-15）［2023-04-04］. http://www.xinhuanet.com/politics/2021-05/15/c_1127448607.htm.

[4] 耿言，陈刚. 天问一号完成既定科学探测任务［J］. 国防科技工业，2022（07）：53，52.

[5] 胡喆. 天问一号着陆火星首批科学影像图公布我国首次火星探测任务取得圆满成功［EB/OL］.（2021-06-11）［2023-04-04］. http://www.xinhuanet.com/politics/2021-06/11/c_1127553408.htm.

[6] 王瑞芳. 人水和谐的典范——都江堰的当代价值与保护［J］. 中国水利，2020（03）：33-36.

[7] 王芳芳，吴时强. 都江堰工程思考及其启示［J］. 水资源保护，2017，33（05）：19-24.

[8] 刘玉泉，朱克勤. 浅谈都江堰工程中流体力学原理的运用［J］. 力学与实践，2008（04）：102-105.

[9] 徐振远. 传统建筑的美化与保护——传统建筑的防暑与御寒［J］. 建筑工人，2020，41（5）：49-51.

[10] 史岩，陈萍. 传统建筑中自然通风的启示［J］. 科技信息（学术版），2008（36）：323.

[11] 李远，段晓丹. 简析传统民居自然通风手法对"低碳"建筑设计的启示［J］. 重庆建筑，2011，10（2）：25-28.

[12] 李雪平. 中国传统民居建筑的生态文化［J］. 安徽农业科学，2010，38（13）：7070-7071，7167.

[13] 徐冲. 古人御寒大揭秘［J］. 环境，2010（01）：50-53.

[14] 林声. 中国古代各种水力机械的发明（上）［J］. 中原文物，1980（01）：2-9.

[15] 林声. 中国古代各种水力机械的发明（下）［J］. 中原文物，1980（03）：15-21.

[16] 许臻. 中国古代水能利用研究［D］. 南京：南京农业大学，2009.

［17］高瑄，陆震．中国古代水力机械起源的文献考证［C］.//第六届中日机械史及机械设计国际

学术会议论文集，2006：23 - 27.

［18］蓝颖春．赞叹！那些古代"低碳高科技"［J］．地球，2016（7）：4.

［19］刘小青，吴国林．探索中国古代科技传统［EB/OL］.（2021 - 02 - 09）［2023 - 04 - 04］. ht-

tp：//www. cass. cn/zhuanti/2021gjwlaqxcz/xljd/202110/t20211009 _ 5365541. shtml.

［20］吕文郁．中国古代的冷藏和空调技术［J］.中国典籍与文化，1995（04）：58 - 65.

［21］戴丽．古人如何低碳过夏天［J］.节能与环保，2015（04）：78 - 79.

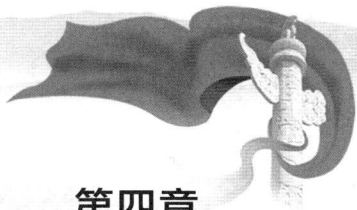

第四章

道 德 修 养

德是首要、是方向，一个人只有明大德、守公德、严私德，才方能用得其所。大德是定根本、管方向的道德要求，要解决好世界观、人生观、价值观的问题。公德是在社会实践中普遍接受的公共品德，关键要学会感恩、学会助人、学会谦让、学会宽容。私德是个人品德、修养、作风等方面的道德要求，在于勇于自省、严于律己、洁身自好、廉洁奉公。

本章讲述了有关道德修养的几个生动案例，他们中有胸襟广阔、心怀苍生的引领者袁隆平、屠呦呦，有爱岗敬业、甘于奉献的力行者青藏铁路建设者，有淡泊名利、勇攀高峰的示范者载人航天科研团队，有诚实守信、公道办事的先行者冯·卡门、钱学森。这些案例是道德修养的具象化、人格化，他们的思想行为和模范事迹承载着道德修养的价值取向。本章旨在以榜样的力量进行道德教育，以期产生情感共鸣，在榜样事迹的感染中自然而然地阐释社会的道德原则、要求和规范。

道不可坐论，德不可空谈。新时代大学生作为社会上最富有活力和朝气、最具有梦想和创造性的群体，要使自己成为德智体美劳全面发展的社会主义建设者和接班人，就必须加强道德修养、增强道德责任感。青年大学生们应当坚持道德修养培养与完成学业任务相统一，正确认识自己在实现中国梦伟大事业中的机遇、使命和责任，内化为精神追求、外化为实际行动，成为讲道德、尊道德、守道德的新时代人才。

案例 4-1　袁隆平：神农躬耕稻花香

📖 **一、案例内容**

1930 年 9 月，袁隆平（见图 4-1）出生在一个知识分子家庭。那是一个食不果腹、民不聊生的动乱年代。袁隆平从小就过着颠沛流离的生活，跟家人一起四处逃难。他受母亲的影响，不仅养成了乐观豁达的性格，还深受中华传统文化的熏陶。

图 4-1　杂交水稻之父袁隆平（1930—2021）

在新中国成立之前，袁隆平眼见战乱频仍，人民食不果腹，深深明白"民以食为天"的道理。于是，他埋下了"让人民吃饱饭"的强烈愿望，于 1949 年毅然决然地选择"农业报国"，进入西南农学院学习。作为新中国培养出来的第一代农大学生，袁隆平就下定决心要解决中国粮食增产的问题，不再让老百姓因吃不上饭而挨饿。

在组织的安排下，23岁的袁隆平被分配到安江农校任教，一晃就是16年。在此期间，他亲历了三年困难时期，触动颇大。袁隆平提及那段时光，难过地说："我亲眼见过饥荒时候饿死的人，很多人因为没饭吃而失去鲜活的生命。所以我知道粮食对于一个国家来说，意义是什么。一粒粮食不仅能够救一个国家，更能绊倒一个国家。"因亲身经历，才深知不易。在一次农学实验中，他发现水稻中的一些杂交组合具有提高水稻产量的潜在优势，于是培育杂交水稻的想法就出现在了他的脑海中。

1960年7月，行走在稻田中的袁隆平，偶然发现了一株特别饱满的水稻。在这之后，上心了的袁隆平每天都会定点蹲在田里观察。在数次观察后，思想敏锐的袁隆平意识到这是一株纯天然的杂交水稻。

"有天然的，那是不是也意味着可以培育人工的杂交水稻？要是可以培育人工杂交水稻，水稻产量势必会增长。"带着这种想法，袁隆平开始全身心投入到水稻的研究中。但这种想法在当时与相关水稻经典学术理论相悖，因此很多人并不看好袁隆平，甚至觉得袁隆平无知。

袁隆平并没有理会这些铺天盖地的质疑声，他坚定不移地走着自己杂交水稻的实践之路。他深深扎根在农田，无论是严寒还是酷暑，他都坚持每天观察研究。即使是在自己的眼睛刚做完手术，因肺部感染而一天要打三次针的情况下，他也从不缺席，坚持不懈。

1965年，在无数的心血付出下，他和他的团队终于找到六株不育株。袁隆平的第一篇论文《水稻的雄性不孕性》于1966年发表在《科学通报》上，标志着中国杂交水稻的研究正式拉开序幕，也将袁隆平与水稻紧紧相连。

就在研究将要看到曙光之时，精心培育的稻苗被人恶意毁掉，即将到手的宝贵实验数据变成泡影，这让袁隆平深受打击。很多人都在嘲笑袁隆平的坚持，甚至还有人恶意诽谤，说是袁隆平是害怕实验没结果，自己拔掉稻苗还想要嫁祸别人。然而，袁隆平却毫不在意，他说："无论前路再怎么艰难，我都不会放弃。"苍天不负有心人，在破坏稻苗事件发生后第四天，袁隆平在试验田附近的一口废井中找到五株残存的杂交水稻秧苗，实验得以继续。

在这样的坚持下，一株名为"野败"的野生稻成为所有杂交水稻的母本。在 1974 年，他终于培育出中国第一批杂交水稻组合"南优 2 号"，亩产超过 500 公斤，比普通水稻多产 300 多公斤，有着极大的增产优势。1975 年，袁隆平攻克了"制种关"，摸索总结制种技术成功。在党和国家的大力支持下，全国有 19 个省、自治区、直辖市先后组成科研协作组，开展群众科学实验，成功地育成了杂交水稻。

到 1998 年，全国一半的稻田都有杂交水稻的影子。2020 年 6 月，袁隆平团队在青海柴达木盆地盐碱地里试种的高寒耐盐碱水稻（又称海水稻）长出了水稻。这项技术让中国每年多产的粮食养活了 7000 万人，同时也帮助许多发展中国家的杂交水稻商业化。

📖 二、思政要点解析

袁隆平凭借在杂交水稻领域的卓越贡献，被誉为"杂交水稻之父"。2018 年 12 月 18 日，党中央、国务院授予袁隆平"改革先锋"称号，并称他为杂交水稻研究的开创者。2019 年 9 月 17 日，袁隆平被授予"共和国勋章"。"杂交水稻之父"的故事，就像他最热爱的种子一样，深埋在后人心间，令人从中汲取力量，也将激励更多的青年学子为科技兴国而奋斗。从袁隆平身上，我们看到了胸怀祖国、心系天下的大爱精神和淡泊名利、潜心研究的奉献精神。

袁隆平说："我毕生的追求就是让所有人远离饥饿。"这正是中华民族里"以天下苍生为己任"的精神，是人类社会最广大最深厚的仁爱精神。正是这种"爱人如爱我"的仁爱精神，帮助袁隆平战胜数不清的困难，最后获得成功，为人类作出了极大的贡献。大爱精神的基础为爱国主义，即胸怀祖国、心系天下，这是所有科技工作者应具备的精神品质。大爱精神是催人奋进的不竭动力，体现为一种担当精神，即舍家为国、担当历史使命。袁隆平曾经说过："科学研究永无国界，但科学家心中永远都有祖国与人民。"袁隆平院士作为一位世界知名科学家，他始终心系祖国和人民。因自己童年时的经历，他深知民族的屈辱和苦难。袁隆平从西南农学院毕业之后，便决心投入到祖国的基层建设中，并从此与杂交水稻结下了不解之缘。"发展杂交水稻，造福世界人民"是袁隆平的毕生追求，为实现这一宏愿，袁隆平长期致力于杂交水稻的研究和推广，希望"中国种子"走出国门，使全世界人民因"中国种子"而摆脱饥饿的境况。袁隆平倾其一生，致力于杂交水稻技术的研究、应用以及推广，并发明多种杂交水稻，他的成果让世界上可以多活一亿人，实现他要让"全世界人民吃饱饭"的伟大梦想和大爱精神。

奉献精神是指人们对自己所追求的事业全身心地投入、不求回报的一种品质，其基础为淡泊名利，是一种高尚的道德情操。这种道德情操砥砺人们奋发图强、积极进取。袁隆平一生淡泊名利，他始终认为金钱、权力、物质、名誉都是身外之物，唯有祖国和人民永存心底。袁隆平日生活简朴，把自己的精力都投入到超高产杂交水稻的研究上，还将自己的奖金全部投入到自己所钟爱的杂交水稻研究之中。袁隆平每次领奖回来，都会把荣誉、掌声归零，再次走入试验田，全身心地投入到杂交水稻的研究当中，不断攻克难关、刷新自己的纪录。

案例 4-2　屠呦呦：医者仁心救苍生

一、案例内容

1930 年 12 月，屠呦呦出生在宁波，是家中唯一的女孩。父亲为她起的名字，取自《诗经·小雅》中的名句"呦呦鹿鸣，食野之蒿"。根据朱熹的注释，这个"蒿"指的正是青蒿。当时不会有人预料到诗句中的那株野草竟与这个女孩有着不解之缘。

20 世纪 60 年代，越南战场上硝烟弥漫，美越两军却同时被一种急性传染病——"疟疾"——紧紧缠住。不仅是越南战场，当时这种传染病正在东南亚肆虐开来。疟疾通过蚊虫传播，患病者会打寒颤，发高烧，忍不住一直打哆嗦，严重的更会高烧致死。有数据显示，美军在越南战场中共接到 12.3 万件疟疾患病报告，致死率将近 50%。越南方面请求中方支援抗疟疾药物和方法。当时的抗疟药都产生了耐药性，不能用或者效果不好。在这样一个特殊的历史背景下，全国 60 多家科研单位、500 多名科研人员集体协作、通力攻关，寻找防治疟疾的新药，代号 "523" 任务。当时，国内外做了大量的工作，但都没有得到满意的结果。

1969 年，39 岁屠呦呦所在的中医研究院参与了这个项目。当时还是助理研究员的屠呦呦之所以被委以重任当上组长，据说是因为她有两大优势：一是性格认真执拗，二是中西医贯通。由于起步晚，她一接到任务，就系统地查阅古代文献。她领导课题组从系统收集整理历代医籍、本草、民间方药入手，用 3 个月的时间收集了包括植物、动物、矿物药在内的 2000 多种中草药制剂，选择了其中 640 种可能治疗疟疾的药方。最后，从 200 种草药中，得到 380 种提取物在小白鼠身上进行抗疟疾检测。

当屠呦呦阅读东晋葛洪的《肘后备急方》时，她突然被其中一段话醍醐灌顶："青蒿一握，以水二升渍，绞取汁，尽服之。"两千年前的古法，为屠呦呦送来一根 "火柴"，照亮她研制抗疟特效药的思路。屠呦呦意识到，温度可能是保留青蒿有效成分的关键。她改用沸点较低的乙醚进行实验。然而，那是一个特殊的时期：工厂停工，实验室关门。她只好带课题组成员买来 7 个大缸进行 "土法" 提炼。没有通风系统，没有防护措施，科研人员开始出现头晕眼花、鼻子出血、皮肤过敏等各种身体不适。屠呦呦整天泡在实验室，回家后满身都是酒精味。因长期吸入乙醚，她还患上了中毒性肝炎。终于，功夫不负有心人，1971 年 10 月的一天，她发现青蒿乙醚中性提取物对鼠疟原虫的抑制率达到 100%！

1972 年 7 月，屠呦呦和课题组的同事们准备拿来进行人体测试的是青蒿萃取液。为了保密，取名 "191 号"，因为此前 190 次实验都失败了。在当时还没有关于药物安全性和临床效果评估程序的情况下，在自己身上进行实验，是他们用中草药治疗疟疾获得信心的唯一办法。屠呦呦说："时间是一个很重要的问题，抗疟的季度一般是 7 月到 10 月，过去之后病就少了。那个时候我作为负责的，当然心里头（着急）。因为我是组长，我给领导打报告说我们要自己来试一下。因为也不是说盲目试的，它有一些毒副反应的因素。"

在医院严密监控下，一周的试药观察获得了让人惊喜的结果：没有发现这种乙醚中性提取物对人体有明显毒副作用。这一回，成功了！

1973 年，新年钟声刚过，屠呦呦发现青蒿奥秘的消息不胫而走。古老的"中国小草"，释放出令世界惊叹的力量。1986 年，"青蒿素"获得了国家颁发的一类新药证书。迄今为止，以青蒿素为基础制成的复方药已经挽救了全球数百万疟疾患者的生命。世界卫生组织数据显示，从 2000 年到 2015 年，全世界因疟疾死亡的人数减少了近一半。据不完全统计，青蒿素在全球共治疗了 2 亿多人。

二、思政要点解析

"夫医者，非仁爱之士，不可托也；非聪明理达，不可任也；非廉洁淳良，不可信也。"远古时代的"神农尝百草"，唐代的"药王"孙思邈，明代的"药圣"李时珍，今天的屠呦呦，医药大师们的故事闪耀在中华民族的发展史上。"仁爱"是中华民族最核心的价值理念，它是以亲爱亲人为起点的道德感，然后推己及人。孟子说"亲亲而仁民，仁民而爱物"，宋儒张载讲"民吾同胞，物吾与也"，都表达了一种普遍的同情心、仁爱心与正义感。

2015 年，诺贝尔生理学或医学奖被授予中国女药学家屠呦呦以及另外两位外国科学家威廉·坎贝尔和大村智。评委这样评价她对世界的贡献："众所周知，早在 1700 年前，这种含有青蒿素的草药对治疗发热具有疗效。但是屠呦呦发现并进一步阐明草药或者其中的部分成分是具有生物活性的。这在医学领域是一个巨大的转变，也使得青蒿素可以大规模生产。"面对荣誉，屠呦呦说："青蒿素及其衍生物的研制成功，是当年研究团队集体攻关的成绩。青蒿素的获奖，是中国科学家群体的荣誉。"2019 年 9 月 17 日，89 岁的屠呦呦获得了"共和国勋章"。在崇高荣誉的背后，我们看到的却是她夜以继日的辛苦、数十载如一日的艰难探索、一次次的临床试验、永不放弃的坚强意志。这都体现了她坚强的毅力和以苍生为念的仁爱情怀。

案例 4-3　青藏铁路建设者：挑战极限，勇创一流

一、案例内容

2006 年 7 月 1 日，全长 1956 千米的青藏铁路全线通车，创造了线路最长、海拔最高、速度最快、环境最恶劣等多项"世界之最"，结束了西藏不通铁路的历史，让世界为之赞叹。

这个曾被外国人预言是不可能的任务，是如何完成的？在青藏铁路建设的非凡历程中，十多万筑路大军在平均海拔超过 4000 米的"生命禁区"，解决了"多年冻土、高原缺氧、环境脆弱"三大世界性难题，铸就了"挑战极限、勇创一流"的青藏铁路精神。

1. 攻克冻土难题

青藏铁路要穿越 550 千米多年冻土地段，面临着冻胀和融沉两大危险。冻胀和融沉取决于冻土中水的存在形态：当水变成冰时体积增大、土体膨胀，地表因此而拱起升高，形成冻胀；当土体中的冰融化为水时，体积缩小，地表便发生融化下沉，产生融沉。如此反复作用下，铁路路基就会出现塌陷或冻起，对青藏铁路的运行造成严重威胁。

为了解决高原冻土难题，1961 年中铁科研院西北院就在青藏高原海拔 4907 米的风火山上建立了我国第一个冻土观测站。在持续研究青藏铁路沿线多年冻土的分布特征及 40 多年来气候、地温的变化规律基础上，编制了我国第一部多年冻土区勘测、设计、施工的规范性文件。在广泛借鉴和吸收国内外冻土工程理论研究和工程实践的成功经验上，确立了"主动降温、冷却地基、保护冻土"的设计思想，在多年冻土工程设计上实现了对冻土环境分析由静态转变为动态、对冻土保护由被动保温转变为主动降温、对冻土治理由单一措施转变为综合施治的"三大

转变"。采取片石气冷路基、碎石（片石）护坡护道路基、通风管路基、热棒路基等一整套主动降温工程措施，其中在多年冻土段采取片石通风路基达 168 千米。桥梁采用桩基础，隧道设置防水保温层，有效保护了冻土。对特别复杂的不良地质路段采取"以桥代路"措施，冻土段桥梁总长度达到 120 千米。

经后期观测表明，冻土环境得到保护，没有发生大的冻胀融沉病害，冻土路基变形逐步趋于稳定，已建成的桥梁和隧道都处于稳定状态。

2. 战胜高原缺氧

在中央作出建设青藏铁路的决策后，十多万铁路建设大军和大批机械设备，从格尔木，经纳赤台，上昆仑山，穿可可西里，翻五道梁，跨沱沱河，越唐古拉，贯藏北草原，直抵拉萨，全线打响了青藏铁路建设攻坚战。这里有身先士卒、靠前指挥的指挥长，有顶风冒雪、顽强拼搏的一线工人，有强忍病痛、坚守岗位的工程师，有夜以继日、忘我工作的技术员。

青藏铁路海拔在 4000 米以上的地段有 960 千米，高寒缺氧、紫外线强以及恶劣的气候条件，对建设者的身体健康构成了威胁。医学显示，低氧环境会使人的机体缺氧，致使体力、脑力和劳动能力下降，严重者会发生慢性或急性高原病。人在这里即使是站着不动，心脏负担也相当于在平原背着 25 公斤东西爬坡。同时，青藏铁路沿线气候恶劣，一天之中狂风、暴雨、大雪、冰雹等天气可能交替出现，即使夏天下大雪也是常见现象，给建设者的工作和生活带来很大的影响。

为了预防高原病，除了分发高原药物以外，在海拔 4500 米以上还建立了大型制氧站，要求每位工人每天吸氧不少于 2 小时，并且保证每位工人的床前有氧气。在海拔 5000 多米的唐古拉山越岭地段，建设者要背负 5 公斤的氧气瓶作业。青藏铁路开工建设以来，全线共接诊病人 49 万余人次，其中 450 例高原性脑水肿、878 例肺水肿患者全部得到了有效救治，创造了高原病零死亡的奇迹。

3. 保持生态环境

青藏高原是许多河川的发源地，生态环境原始、独特而脆弱。党中央、国务院明确提出，青藏铁路建设要珍爱高原一草一木。青藏铁路仅环保投入就超过 11 亿元，接近工程总投入的 5％，是目前我国环保投入最多的铁路工程项目之一，并在全国重点工程建设中首次引进了环保监理。

在自然保护区内，铁路线路遵循"能避绕就避绕"的原则，施工场地、便道、砂石料场的选址都经反复踏勘确定，尽量避免破坏植被。为了恢复铁路用地上的植被，科研人员开展了高原冻土区植被恢复与再造研究，采用先进技术，使植物试种成活率达 70％以上，比自然成活率高一倍多。

为保障野生动物的正常生活、迁徙和繁衍，青藏铁路全线建立了 33 个野生动物通道。2002 年夏季，国家珍稀野生动物藏羚羊产仔迁徙时，相关施工单位主动停工为它们让道。野生动物通道的建设，充分考虑了沿线野生动物的生活习性、迁徙规律等，以保障野生动物的正常生活、迁徙和繁殖。青藏铁路总指挥部的监测表明，藏羚羊已经适应了人工营造的迁徙环境，大批藏羚羊通过野生动物通道自由迁徙。

二、思政要点解析

青藏铁路建设过程中，十多万筑路大军在平均海拔超过 4000 米的"生命禁区"，冒严寒、顶风雪，战缺氧、斗冻土，在雪域高原上筑起了中国铁路建设的丰碑，铸就了"挑战极限、勇创一流"的"青藏铁路精神"。这一精神，是广大青藏铁路建设者爱岗敬业、甘于奉献、敢于挑战艰险的生动表现，具有鲜明的时代价值。青藏铁路已达终点，而精神之路没有终点。我们青年学生要继续弘扬青藏铁路精神，锻造热爱祖国和甘于奉献的品格，锤炼艰苦奋斗和勇于创新的顽强毅力，提升尊重生命和珍爱自然的人文情操，以道德修养托举梦想，化为行动支撑，激励远大的创业志向。

人生价值体现在个人对社会的责任和贡献以及社会对个人的尊重和满足，其中前者应该居于首位。十多万筑路大军奉献青藏铁路给当代大学生树立了一面旗帜。"上了青藏线，就是作奉献"。2001 年春天，当修筑青藏铁路的消息传遍神州大地时，一封封请战书、决心书雪片似的飞到各级组织和领导手中。十万铁路大军奉献青藏铁路，把建成一流的高原铁路作为实现人生价值的目标，真正体现了人生价值在于对社会的贡献。当代大学生应以青藏铁路建设者为榜样，坚持以劳动和贡献作为评价人生的正确标准，自觉认识和抵制那些错误的人生价值评价标准，牢固树立正确的世界观、人生观和价值观。

青藏铁路工程是前无古人的探索工程。建设者们以科技创新挑战世界极限，大力推广使用新设备、新材料、新技术和新工艺，攻克了"多年冻土、高原缺氧、环境脆弱"三大世界性难题，建成了世界海拔最高的铁路。当代大学生要学习青藏铁路建设者遵循自然规律、勇于创新的科学态度，提高创新意识。首先，要善于发现问题。创造性思维基于实践，始于问题，创新来自多问几个为什么。爱因斯坦曾说过："提出问题往往比解决问题更为重要。解决问题是技能层面，而提出问题是探索性的思考。"其次，要重视知识的积累，只有深入学习和研究前人已有的知识，并以此为基础，才能通过自己的智慧，形成创造性结果。最后，要有敢于超越、敢为人先的精神。青藏铁路建设者们依靠挑战极限、勇创一流的精神，才在世界屋脊上打造出"九大世界之最"。

案例 4-4　中国航天人：完成颠覆性的创新工程

一、案例内容

中国载人航天工程自 1992 年立项实施以来，从无人飞行到载人飞行，从一人一天到多人多天，从舱内实验到出舱活动，从单船飞行到组合体稳定运行，一举跨越发达国家近半个世纪的发展历程。在西方国家的技术封锁和质疑声中，先后掌握天地往返、空间出舱、交会对接等核心技术。在航天大国迈向航天强国的道路上，中国航天人勇攀高峰、自立自强，用一个个坚实的脚印，把梦想化作现实。

1. 迈向星辰大海的征途

1992 年，党中央高瞻远瞩，作出了实施我国载人航天工程"三步走"战略的重大决策。我国载人航天事业从此起步远航：第一步，发射载人飞船，建成初步配套的试验性载人飞船工程，开展空间应用实验；第二步，突破航天员出舱活动技术、空间飞行器的交会对接技术，发射空间实验室，解决有一定规模的、短期有人照料的空间应用问题；第三步，建造空间站，解决有较大规模的、长期有人照料的空间应用问题。

中国载人航天工程由八大系统组成，包括航天员系统、空间应用系统、载人飞船系统、运载火箭系统、发射场系统、测控通信系统、着陆场系统、空间实验室系统（见图 4 - 2）。据统计，直接参与载人航天工程研制的研究所、基地一级单位有 110 多个，配合单位多达上千家，涉及数十万名科研工作者。几十年前，正是一群风华正茂的年轻人在大西北戈壁大漠之中研发出了"两弹一星"；如今，又一群年轻人接过了前辈的"接力棒"，开始了中国的载人航天工程。几十年来，中国航天人艰苦创业、奋力攻关，取得了连战连捷的辉煌战绩，使我国空间技术发展跨入了国际先进行列。实施载人航天工程以来，中国航天人培育铸就了"特别能吃苦、特别能战斗、特别能攻关、特别能奉献"的载人航天精神。

在渺无人烟的戈壁滩深处，一望无垠，冬日里寒风凛冽，夏日每一粒沙子都蒸腾着热气。特殊的试验要求和繁重的研制任务，使得艰苦的工作环境成为航天人的"标配"。即使是在深夜，也能看到研究室灯火通明，听到装配车间马达轰鸣。在"死亡之海"塔克拉玛干沙漠、"魔鬼城"罗布泊和海拔 5000 米以上的"生命禁区"，都有航天人夜以继日工作的辛劳身影。人们都知道干航天苦，但航天人却"特别能吃苦"。他们默默承受着常人难以想象的困难和压力，终于突破众多技术难关，研制开发出神舟系列飞船。

载人航天事业是"千人一枚箭、万人一杆枪"的事业。广大航天人不畏艰险、顽强拼搏，展现了义无反顾的战斗精神。在这个极具挑战的领域，航天人没有任何外援，只能一次次向艰难险阻发起冲锋，冲破西方国家的技术封锁。就这样，

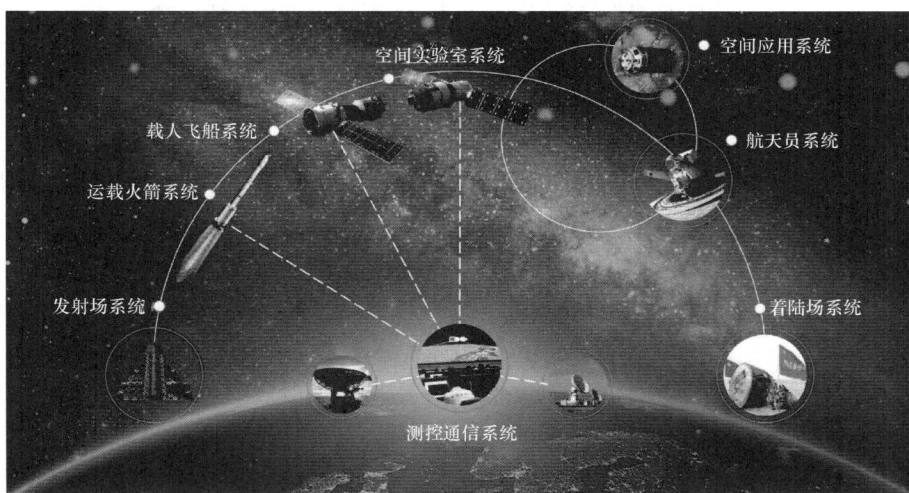

图 4-2 中国载人航天工程八大系统

中国航天人硬是走出了一条完全独立自主的快速发展之路，成功实现弯道超车。"神舟三号"飞船发射之后，专家发现有一个不安全因素可能造成空中"追尾"事故，直接危及飞船与航天员的安全。为此，飞船研制团队立即组织科技人员修改飞行程序和软件，并进行多次仿真和试验，直至完全排除"追尾"隐患。实践证明，"特别能战斗"的载人航天精神，是航天人通过无数次高风险挑战历练而成的。如今，神舟系列载人飞船多次成功往返，"长征二号 F"火箭的发射成功率位居世界先进行列，中国人的航天梦想不断向深空延展……

在铸造世界一流航天工程的过程中，中国航天人也展现出强烈的责任心和特殊的使命感。2021 年 6 月 17 日，随着航天员聂海胜、刘伯明、汤洪波先后进入"天和"核心舱，中国人首次进入了属于自己的空间站，首次实施载人飞船自主快速交会对接；首次实施绕飞空间站并与空间站径向交会；首次实现长期在轨停靠，时间长达三个月；首次具备从不同高度轨道返回东风着陆场；首次具备天地结合多重保证的应急救援能力……"神舟十二号飞船"创造的多个"首次"，对于中国航天而言就是一座座辉煌的里程碑。事实证明，"特别能攻关"的载人航天精神，孕育在中国航天工程建设的历史进程中，更发展于中国航天事业的伟大实践中。

航天员是载人航天的先锋，从接受这份神圣使命的那一刻起，他们就注定要时刻与风险和考验为伴。除了付出时间和精力，还要随时准备奉献出宝贵的生命。

2003 年 2 月 1 日，正值中国航天员大队选拔首飞梯队的关键时刻，美国"哥伦比亚"号航天飞机在重返地面过程中突然解体，7 名宇航员全部罹难。就在大家担心这会对中国航天产生负面影响之际，此次参训的 14 名备选航天员递交了请战书：再大的风险也动摇不了我们征服太空的决心。2008 年 9 月 25 日，翟志刚、刘伯明、景海鹏搭乘"神舟七号"飞船成功飞天，9 月 27 日，翟志刚打开飞船舱门，在太空迈出中国人的第一步。他们将"特别能奉献"的载人航天精神深深镌刻进理想信念中。

2. 中国空间站时代的到来

1970 年 4 月 24 日，"长征一号"运载火箭将中国的第一颗人造卫星"东方红一号"成功送入轨道，中国成为世界上第五个能够独立发射人造卫星的国家，也标志着中国进入了太空时代。半个多世纪过去，"长征"家族已从"长征一号"发展到"长征十一号"，在 400 多次的发射中成功完成了输送卫星、载人航天、组建空间站等任务。伴随"长征"家族的壮大和多样化，中国探索太空的长征之路也将越走越远。

中国载人航天工程自实施以来，创造了成功率 100% 的优异成绩。"成功是差一点点失败，失败是差一点点成功""成功不等于成熟、一次成功不等于次次成功""下次任务永远不会是上次任务的简单重复"……这些朴实的话语，道尽了载人航天事业辉煌背后的艰辛和努力。

1999 年 11 月，"神舟一号"试验飞船成功发射与回收，中国载人航天技术获得重大突破。

2003 年 10 月，第一次进入太空——中国首位航天员杨利伟搭乘"神舟五号"载人飞船，将中华民族千年飞天梦想变为现实。

2008 年 9 月，第一次出舱行走——航天员翟志刚以自己的一小步，迈出了中华民族的一大步。

2011 年 11 月，"神舟八号"飞船与"天宫一号"空间站自动无人交会对接。

2012 年 6 月，神舟九号与天宫一号顺利牵手，中国首次载人自动及手控交会对接顺利完成。

2016 年 10 月，叩开中国空间站时代的大门——"神舟十一号"飞船与"天宫二号"空间实验室成功实现自动交会对接三个小时后，航天员景海鹏和陈冬顺利进入"天宫二号"空间实验室。

2016 年 6 月至 2017 年 4 月，长征七号、天宫二号、神舟十一号，天舟一号飞行任务完成，载人航天事业进入应用发展新阶段。

2021 年 6 月，第一次进驻中国空间站——航天员聂海胜、刘伯明和汤洪波进驻"天和"核心舱，标志着中国人首次进入自己的空间站。

2021 年 10 月至 2022 年 4 月，航天员翟志刚、王亚平、叶光富在中国空间站组合体工作生活了 183 天，刷新了中国航天员单次飞行任务太空驻留时间的纪录。

2021 年 4 月，"天宫"空间站"天和"核心舱成功发射，宣告中国开启了组建空间站的时代。"天和"核心舱是中国目前研制的最大航天器，可支持 3 名航天员长期驻留，支持开展舱内外空间科学实验和技术试验。

2022 年 7 月 25 日，"问天"实验舱成功对接于"天和"核心舱前向端口，整个交会对接过程历时约 13 小时。这是我国两个 20 吨级航天器首次在轨实现交会对接，也是空间站有航天员在轨驻留期间首次进行空间交会对接。

2022 年 11 月 1 日，"梦天"实验舱与"天和"核心舱成功实现"太空握手"，整个交会对接过程历时大约 13 小时。11 月 3 日，随着"梦天"实验舱完成水平转位动作，中国空间站形成了标准的 T 字形结构（见图 4-3），标志着中国空间站的建设步入尾声。

"天宫"空间站总计将拥有 20 多个实验架，可提供封闭、加压的微型实验空间，未来将开展空间生命科学与生物技术、微重力基础物理和流体物理、地球科学、空间天文学以及空间材料科学和航天新技术等多个学科的上千项科学实验。在建成后，天宫空间站不仅将成为中国首个载人空间站，也将作为微重力科学实验平台成为国际空间站的继任者，向全世界开放。大部分科学家都相信"天宫"空间站会为科学研究带来必不可少的推动，在国际空间站退役、"天宫"空间站成为唯一载人空间站后，其科学地位将会更加重要。

图 4 - 3 中国"天宫"空间站 T 字形结构成形

📖 二、 思政要点解析

回顾我国载人航天三十多年的发展历程，中国航天人把热爱祖国、为国争光的坚定信念，勇于攀登、敢于超越的进取意识，科学求实、严肃认真的工作作风，同舟共济、团结协作的大局观念，淡泊名利、默默奉献的崇高品质写入浩瀚太空，凝结形成"特别能吃苦、特别能战斗、特别能攻关、特别能奉献"的载人航天精神。伟大的载人航天精神成为指引青年成长的闪亮标志，正是当代大学生加强道德修养、增强道德责任感的榜样力量。

"特别能攻关"诠释了航天人攻坚克难、勇于登攀的品格作风，激励广大青年团结创新有作为。"特别能攻关"，是在抢占载人航天技术制高点奋斗过程中磨砺而成的。正是由于广大科技工作者发扬不畏艰险、特别能攻关的精神，攻克了一个又一个科研难题，形成了一套符合我国载人航天工程要求的科学管理理论和方法，我们才能取得载人航天的伟大成就。在载人航天等尖端科技领域，广大青年科技工作者团结协作，锐意进取，以实际行动诠释了航天人攻坚克难、勇于登攀的品格作风。作为有理想、有本领、有担当的新一代中国青年，要发扬中国航天人"特别能攻关"的优良作风，聚焦专业领域，潜心科研攻关，勇攀科技高峰，在全面建设社会主义现代化国家新征程中奋勇争先、建功立业。

"特别能奉献"诠释了航天人淡泊名利、默默奉献的崇高品质,激励广大青年胸怀理想有担当。"特别能奉献",是航天人秉持精忠报国的理想信念铸就而成。一人飞天凝结万人心血。载人航天工程是一项宏大的系统工程,包括发射场、测控通信、着陆场、航天员、火箭、飞船等各大系统在内,每次载人飞行都是超过10万名技术人员齿轮咬合般地团结协作的结果。"特别能奉献"诠释了航天人淡泊名利、默默奉献的崇高品质。从几十年如一日刻苦训练、等待飞天的航天员,到甘做隐姓埋名人的广大一线航天人,他们的崇高品质激励着广大青年为理想拼搏奋斗、为国家勇于奉献的决心和情怀。

案例 4 - 5　冯·卡门与钱学森:感谢您指出我的错误

一、案例内容

钱学森在美国加州理工学院攻读博士学位的时候,居然"大胆"地跟自己老师吵得面红耳赤,而他的老师正是大名鼎鼎的冯·卡门教授。令人惊讶的是,这场看似毫无悬念的争吵,居然是以冯·卡门的道歉而结束。这究竟是怎么回事呢?20多年后,钱学森的论文也被一个默默无闻的年轻人质疑,而他又是怎么处理的呢?

1. 冯·卡门教授的道歉

在美国麻省理工学院获得航空硕士学位后,钱学森来到了加州理工学院,第一次见到了冯·卡门(见图 4 - 4)。这位后来对他影响深远的导师为他提供了两个可选择的研究课题,涉及高速飞行方面当时最为前沿的内容,为钱学森航空理论的研究指明了方向。在加州理工学院,钱学森获得了航空和数学的双博士学位,并与导师共同提出了卡门 - 钱公式。

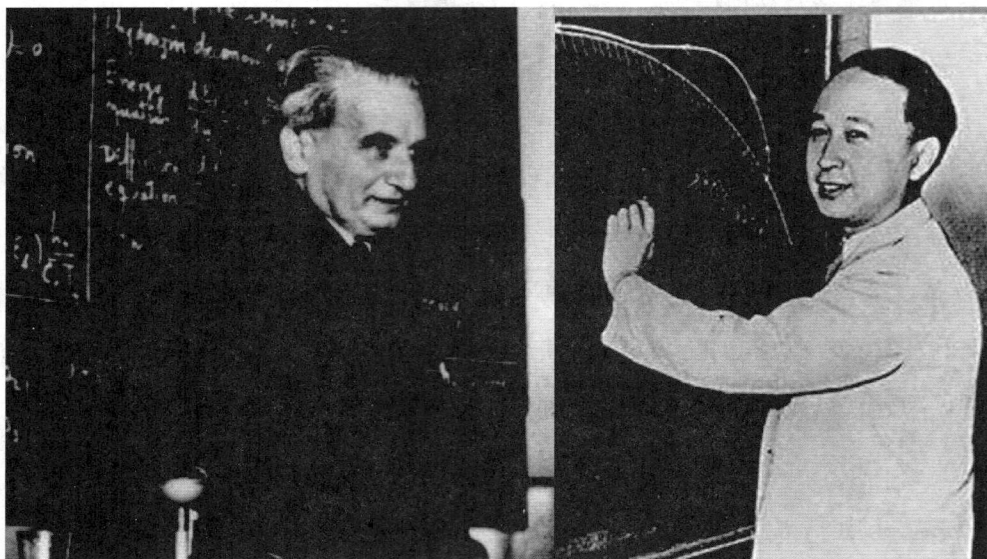

图 4-4 冯·卡门（左）与钱学森（右）

在冯·卡门的众多中国学生中，钱学森和他的感情最深。钱学森总是恭敬地称他为"尊敬的老师"，而在冯·卡门的眼里，钱学森则是他的"中国朋友"。在冯·卡门的自传中，他还专门用一章内容来回忆他与钱学森之间的故事和友谊，书中还不惜篇幅赞扬了钱学森的才华和工作成绩。钱学森到加州理工学院后不久，就引起了学院其他教授的重视。杰出的理论物理学家保罗·爱泼斯坦教授有一次对冯·卡门说："您的学生钱学森在我任教的一个班级里，他才华出众。"

当时，加州理工学院不仅有创新的氛围，更有民主的学术风气，这一点也给钱学森留下了深刻的印象。学院里，不同的学派意见、不同的学术观点都可以充分发表，学生们可以提出自己的不同见解，甚至可以向权威挑战。一次，冯·卡门组织了一场学术研讨会，学院里的教授、青年教师、研究人员、博士生都来参加这个会议。在交流讨论的环节，钱学森介绍了一篇自己的论文，结果一位老教授马上站起来提出异议。虽然这位教授德高望重，但钱学森觉得他的观点并不正确，便立即进行反驳，老教授也不甘示弱，一来一去两人争得面红耳赤。

会后，冯·卡门笑着问钱学森："你知道刚刚和你争论的那个人是谁吗？"钱学森摇摇头，表示不知道。冯·卡门笑得更欢了："他就是鼎鼎有名的力学权威冯·米塞斯呀！"钱学森大吃一惊，回想起刚才的场景，一时间有些窘迫。冯·卡门却告诉他："我认为你的意见是对的，在这个问题上，我支持你。"

钱学森与冯·卡门也曾有过意见相左的时候。钱学森曾经写出过一篇学术论文，并将其交给冯·卡门教授。可是教授并不同意他的观点，而钱学森却坚持自己的观点，两个人因此争论起来，甚至教授还气得将文章扔在地上摔门而去。

钱学森怏怏而归，他的内心十分矛盾：自己的科研成果明显是正确的，可老师又是德高望重的世界科学权威，要不要和他据理力争呢？可他怎么也没有想到，第二天天还没亮，他的寓所便传来一阵焦急的敲门声。钱学森开门一看，来客正是导师冯·卡门教授。只见他身子挺得笔直，随即无比郑重地向钱学森鞠了一躬，满脸诚意地说："昨天晚上，你走了以后，我整整地思考了一夜，终于得出结论：你的科研成果是正确的。是我弄错了，我向你道歉！"钱学森感动得热泪盈眶，他紧紧地握住老师的手，一句话都说不出来。钱学森自此对老师更加敬重，冯·卡门虚怀若谷的品格从此也深深印刻在钱学森的身上。

后来，有人对冯·卡门教授说："钱学森毕竟是您的学生啊，您完全没有必要那样向他道歉，更没有必要向他鞠躬！"冯·卡门却一脸严肃地说："不！你知道吗？我是在向真理鞠躬，向科学鞠躬，这是一个科学家最起码的道德！"

2. 钱学森的回信

钱学森的博士论文选题是高速气动力问题，这在当时是一个很难的课题。他从空气动力学开始，与冯·卡门合作研究可压缩流体中的边界层问题。钱学森没有按照导师的建议做下迭代运算就交卷完事，而是大量地收集和阅读文献，写了450页笔记，改正了前人很多不足的地方。为此，他在论文第二章就提出了著名的卡门-钱公式，是计算作用在飞机机翼上的各种力（如升力、阻力、升阻比等）的符合实际的正确公式。钱学森虽然完成了重要的工作，但依然十分尊重前人的成果，每篇论文后面都详细列出参考文献。他说，每做一个课题，都要认真做文献调研，仅仅知道在哪里可以找到所需资料是远远不够的，必须切实消化并掌握它们，变成刻记在自己脑海之中可以反复思考、随时调用和加工的东西。

1964 年 1 月，新疆生产建设兵团农学院青年郝天护怀着惴惴不安的心情给钱学森写了一封信。信中指出钱学森新近在《力学学报》发表的一篇关于土动力学的论文中，一个方程的推导有误。

见信后，钱学森迅即找来那篇论文，重新推导论文中有关公式的方程组，发现的确是自己的失误。于是，钱学森提笔给郝天护回复了一封信。信中说："我很感谢您指出我的错误！也可见您是很能钻研的一位青年，这使我很高兴。科学文章的错误必须及时阐明，以免后来的工作者误用不正确的东西而耽误事。所以我认为，您应该把您的意见写成一篇几百字的短文投《力学学报》刊登，帮助大家。您以为怎样？让我再一次向您道谢。"这封言辞恳切的信中，他称呼对方为"您"，以示尊重。短短的几百字信中，一共用了 13 个"您"。

收到钱学森亲笔回信的郝天护简直不敢相信自己的眼睛。信寄出后，他还曾后悔过，怀疑过自己不自量力。但令他惊喜和感动的是，钱先生在信中毫无居高临下的气势，展现的是平等待人的长者风范、谦虚谨慎的治学态度和与人为善的诚实美德。在回信鼓励下，郝天护把自己的见解写成 700 字的短文，投给《力学学报》，后来在钱老的关心推荐下，发表在 1966 年 3 月第 9 卷 1 期《力学学报》上。有了这段经历，郝天护愈加发奋学习，最终在离开新疆生产建设兵团农学院后考上了清华大学的研究生，并最终成为一名致力于力学研究的学者。

二、 思政要点解析

冯·卡门教授是美国著名的空气动力学专家、航天技术理论的开拓者。他对空气动力中"湍流"现象的研究取得了辉煌的成就，他首次提出了导弹的概念，为人类军事史的发展翻开了新的一页。在他的观念里，科学并不是循规蹈矩，而是一种创新精神，如果科学家没有创新精神，人类的发展也将会终止。正是在冯·卡门教授这样的引导之下，钱学森学会了独立思考。冯·卡门教授虚心接受学生的意见，不仅是一位科学工作者严谨态度的体现，同时也是他为人师表的最好诠释。我们都知道要虚心接受批评这个道理，然而能够做到并且做好的人并不多。正是因为有这样虚怀若谷的好老师，才能培养出钱学森这样的好学生。钱学森后来并没有辜负冯·卡门教授的期望，他传承了这位航空学权威教授的学识与胸怀，为新中国的科技发展作出了巨大的贡献。

而对当时力学界的后辈，钱学森丝毫没有居高临下的态度，而是把指出自己错误的青年放在一个完全平等、互相尊敬的地位来对待。无论是举世闻名的科学家钱学森对晚辈后学的谦逊爱护，还是勇于发声、指出前辈错误的青年，都为学界作出了优秀的表率。

参考文献

[1] 覃勇．袁隆平：世界杂交水稻之父 [J]．国际人才交流，1997（04）：34 - 37.

[2] 孟红．袁隆平精神品质的故事 [J]．党史文苑，2021（10）：10 - 16.

[3] 周先进，史倩颖，刘艳军．袁隆平的科学家精神融入高校课程思政：价值与路径 [J]．湖南农业大学学报（社会科学版），2022，23（03）：100 - 105.

[4] 朱安远．青蒿素之母——诺贝尔奖得主屠呦呦 [J]．世界科学，2022（08）：54 - 57.

[5] 韩雪．从屠呦呦的成功想到的 [N]．人民政协报，2021 - 11 - 27（01）.

[6] 陈思源．屠呦呦：蒿草青青 呦呦晚鸣 [EB/OL]．（2019 - 09 - 24）[2023 - 04 - 04]．http：// news. cnr. cn/native/gd/20190924/t20190924 _ 524791543. shtml

[7] 央视网．"生命禁区"的"开路先锋"——中国中铁青藏铁路建设纪实 [EB/OL]．（2021 - 10 - 11）[2023 - 12 - 04]．https：//tv. cctv. com/2021/10/11/ARTInoUU47f6K0y9Vzlp9TvJ 211011. shtml.

[8] 矫阳，向杰，刘莉．向西，向西，向西——青藏铁路建设始末 [N]．科技日报，2006 - 06 - 30（1）.

[9] 包金运，张春梅．"青藏铁路精神"是如何铸就的 [EB/OL]．（2021 - 8 - 12）[2023 - 12 - 04]. https：//news. cctv. com/2021/08/12/ARTI4yQvKTX5mknTvzjtTokB210812. shtml.

[10] 刘静．青藏铁路精神：挑战极限，勇创一流 [N]．工人日报，2021 - 12 - 05（001）.

[11] 南志国．试论青藏铁路精神对当代大学生教育的思考 [J]．文教资料，2006（31）：34 - 35.

[12] 章文，崔兴毅，彭丽．矢志不渝，逐梦星辰大海——载人航天精神述评 [N]．光明日报，2021 - 09 - 16（05）.

[13] 余建斌．发扬载人航天精神 奋力创造新的辉煌 [N]．人民日报，2021 - 09 - 19（6）.

[14] 李一昕，郭文杰．以载人航天精神点亮青年成长成才梦想 [J]．新湘评论，2022（15）：45.

［15］习近平回信勉励广大航天青年．弘扬"两弹一星"精神载人航天精神 为航天科技实现高水平自立自强再立新功［J］．思想政治工作研究，2022（06）：7.

［16］王时芬．科学奇才的自画像——读《西奥多·冯·卡门——航空航天时代的科学奇才》［J］．世界文化，2020（11）：26-29.

［17］向真理鞠躬［J］．科学大观园，2016（21）：61.

［18］关小舒．冯·卡门麾下的中国弟子［J］．科学家，2015（01）：45-47.

［19］江小生．钱学森向一位年轻人道歉：感谢您指出我的错误［J］．中国核工业报，2022-07-13（27）：4

［20］张新科．工程技术类杰出人才的共性特质——以钱学森、冯·卡门和普朗特为例［J］．南京理工大学学报（社会科学版），2012，25（03）：103-106，112.

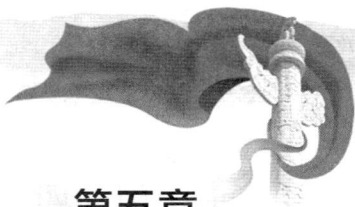

第五章

工 匠 精 神

"百工之事，皆圣人之作也。烁金以为刃，凝土以为器，作车以行陆，作舟以行水，此皆圣人之所作也"。工匠精神向来都是推动产业发展的伟大力量。工匠群体是各行各业的探索者和发明家，是传统技艺和机器生产的连接者，是科学技术和工业制造结合的实践者，是职业道德和劳动精神的传播者。

在新的工业革命浪潮中，工匠精神的作用再一次凸显。本章精选了中外工匠的故事，诠释了精益求精、追求完美、专注专业、爱岗敬业、勇于创新、严守规则的工匠精神。这些案例中有推动工业革命历史进程的伟大发现者、发明家，有中国历史上工匠精神的传承者，有技能报国、匠心闪耀的新时代工匠群体。随着"高速铁路""跨海大桥""神舟升天"等超级工程完成，中国的基础建设和制造业突飞猛进，取得从"零"到多个世界领先的成就，离不开工匠精神的坚实支撑。

新时代的工匠精神倡导的是一种职业精神，引导人们树立职业敬畏感，秉持职业操守，恪守职业道德，强调精益求精，兼顾时间效率。对于大学生而言，就是要像一个工匠对待自己的作品那样，专注于自己的学业和专业，养成勤于思考、专注严谨的学习态度，培养术有专攻、勇于探索的专业精神，树立勤于实践、精益求精的职业素养，努力成长为一名德智体美劳全面发展的高素质技能型人才，以工匠精神书写由"中国制造"迈向"中国智造"转型的宏伟篇章。

案例 5-1　卡诺创立理想热机理论

📖 一、案例内容

19 世纪初，法国物理学家萨迪·卡诺（见图 5-1）经过历尽艰辛创立了理想热机理论。这一理论不仅是热机工程学的重要基本理论，也是物理学领域的一项重大发现。

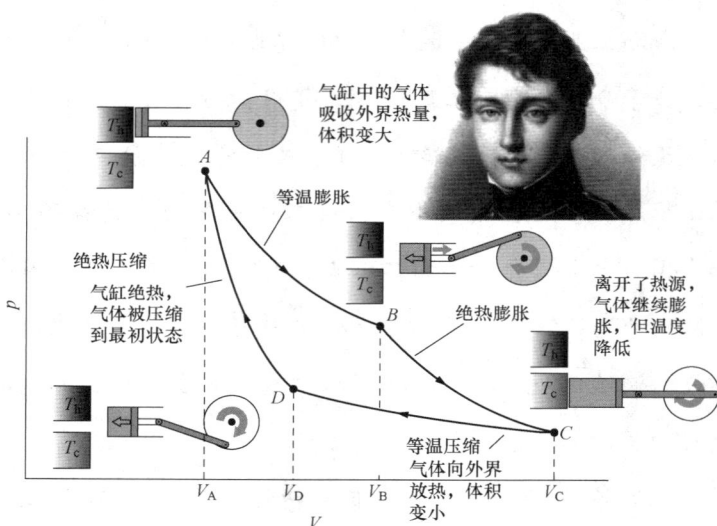

图 5-1　法国工程师、数学家卡诺（1796—1832）提出卡诺循环

1796 年卡诺出生于法国巴黎，时值法国资产阶级大革命之后和拿破仑夺取法国政权之前的动乱年月。卡诺的父亲拉扎尔·卡诺在法国大革命和拿破仑第一帝国时代担任要职，同时他也是一位科学家，在热学及能量守恒与转化定律的发现上均有所贡献。1807 年，卡诺的父亲辞去战争部长的职务，专门对卡诺和卡诺的弟弟伊波利特·卡诺进行科学教育。

1812 年，萨迪·卡诺考入巴黎理工学院，受教于一批卓有成就的老师，主要攻读了分析数学、分析力学、画法几何和化学。1819 年，他考上了巴黎总参谋军团。在此期间，他对工业经济产生了浓厚兴趣，走访了许多工厂，研究了政治经济学的最新理论。他发现，热机效率低是当时工业的一个难题，这个问题引导他走上了热机理论研究的道路。

由于蒸汽机的发明，欧洲工业革命逐步兴起。卡诺亲身经历了这场蒸汽机革命的冲击，亲眼看到了蒸汽机对人类文明发展的巨大促进作用。然而，他在实际调查中也发现，人们虽然知道怎样制造和使用蒸汽机，但对蒸汽机的理论却了解不够。当时，人们对热机工程的这两个问题进行着热烈的讨论：①热机效率是否有一极限？②什么样的热机工质是最理想的？在对热机效应缺乏理论认识的情况下，工程师们只能就事论事，从热机的适用性、安全性和燃料的经济性几个方面来改进热机。他们曾盲目采用空气、二氧化碳甚至酒精来代替蒸汽，试图找到一种最佳工质。这种研究只具有针对性，而不具备普遍性，从某一热机上获得的最佳数据不能套用于另一热机。

卡诺了解这一情况后，采用了截然不同的方法，他不是研究个别热机，而是要寻求一种可以作为一般热机的比较标准的理想热机。经过仔细研究，卡诺提出了理想热机的想法。1823 年，卡诺在弟弟的协助下，写成了《关于火的动力》一书，并于 1824 年 6 月发表。卡诺在这部著作中提出了"卡诺热机"和"卡诺循环"的概念及"卡诺原理"（现在称为"卡诺定理"）。卡诺循环包括等温膨胀、绝热膨胀、等温压缩和绝热压缩四个过程。根据卡诺热机理论，"卡诺热机"是一切工作于相同高温热源和低温热源之间的热机中效率最高的热机，是一种理想热机。在理想的情况下，所有热机的效率都应该是相等的，不依赖于中间的到底是水蒸气还是其他工质，即理想热机的效率都相等，不依赖于中间工质。"卡诺循环"是一种可逆循环，按照现在的术语来说，是熵保持不变的循环。因此，他将这一原理表述为"热动力与用来产生它的工作物质无关，它的量唯一地由在它们之间产生效力的物体（热源）的温度来确定，最后还与热质的输运量有关"。

然而，卡诺在 1824 年论著中借用了"热质"的概念，这是他的理论在当时受到怀疑的一个重要原因。卡诺之所以要借助于"热质"，是为了便于通过蒸汽机和水轮机的形象类比来发现热机的规律。在卡诺看来，"热质"正如水从高水位流下推动水轮机一样，它从高温热源流出以推动活塞，然后进入低温热源。在整个过程中，推动水轮机的水没有量的损失；同样，推动活塞的"热质"也没有损失。为了避免混乱，卡诺在谈到热量或热与机械功的关系时，就不用"热质"一词，而改用"热"；况且在他后来的研究记录中，他就彻底抛弃了"热质"一词。在一个很长的时间内，不少人说卡诺是"热质"论者，其实是没有根据的。

1830 年，卡诺已基本放弃了热质说，而采纳了热只是各种物质中许多微粒的运动的看法，认为热和机械能可以相互转化。卡诺抛弃"热质"学说的原因，首先是受菲涅耳的影响。菲涅耳认为光和热是一组相似的现象，既然光是物质粒子振动的结果，那么热也应当是物质粒子振动的结果，是物质的一种运动形式。卡诺接受了菲涅耳的设想，他一方面运用热的动力学新概念重新审读他在 1824 年提出的热机理论，发现只要用"热量"一词代替"热质"，他的理论仍然成立。另一方面，他又深入研究伦福德和戴维的摩擦生热的实验，并计划用实验来揭示在液体或气体中的摩擦热效应的定量关系，他计算出热功当量为 3.7 焦耳/卡，比焦耳的工作超前将近 20 年。

在《关于火的动力》发表后，卡诺继续研究热机理论。1831 年，卡诺开始研究气体和蒸汽的物理性质。1832 年 6 月，卡诺患了猩红热，不久后转为脑炎，他的身体受了致命的打击。后来他又染上了流行性霍乱，竟于同年 8 月被夺去了生命。卡诺去世时年仅 36 岁，按照当时的防疫条例，霍乱死者的遗物应一律付之一炬。卡诺生前所写的大量手稿被烧毁，幸得他的弟弟将他的小部分手稿保留了下来。这部分手稿中有一篇是仅有 21 页纸的论文——《关于适合于表示水蒸气的动力的公式的研究》。其余内容是卡诺在 1824—1826 年间写下的 23 篇论文，它们的论题主要集中在三个方面：①关于绝热过程的研究；②关于用摩擦产生热源；③关于抛弃"热质"学说。卡诺这些遗作直到 1878 年才由他的弟弟整理发表出来。

在卡诺去世两年后，《关于火的动力》才获得了第一个认真的读者——他在巴黎理工学院的学弟克拉珀龙。1834 年，克拉珀龙在学院出版的杂志上发表了题为

《论热的动力》的论文，用 p-V 曲线解释了卡诺循环，但未引起学术界的注意。10 年后，英国青年物理学家开尔文（威廉·汤姆森）在法国学习时，偶尔读到克拉珀龙的文章，才知道有卡诺的热机理论。然而，他找遍了各图书馆和书店，都无法找到卡诺 1824 年的论著。实际上，开尔文在 1848 年发表的《建立在卡诺热动力理论基础上的绝对温标》一文，主要根据克拉珀龙介绍的卡诺理论来写的。1849 年，开尔文终于弄到一本他盼望已久的卡诺著作。十多年后，德国物理学家克劳修斯也遇到了同样的困难，一直没弄到卡诺原著，只是通过克拉珀龙和开尔文的论文熟悉了卡诺理论。

二、思政要点解析

热力学第二定律来源于人们长期的经验总结，可以判断过程能否发生以及发生的方向和限度，被爱因斯坦称为最至高无上的定律。1824 年至 1878 年间，卡诺的热机理论一直没有得到广泛传播。卡诺的学术地位是随着热功当量的发现，热力学第一定律、能量守恒与转化定律及热力学第二定律相继被揭示出来而逐渐形成的。然而，卡诺的研究为提高热机效率指明了方向，他的结论已经包含了热力学第二定律的基本思想。他的理论对克拉珀龙、开尔文和克劳修斯等物理学家产生了积极影响。19 世纪，克劳修斯和开尔文在热力学第一定律建立以后重新审查了卡诺定理，意识到卡诺定理必须依据一个新的定理，即热力学第二定律。他们分别于 1850 年和 1851 年提出了克劳修斯表述和开尔文表述。

工程热力学为能源工程、机械工程、化学工程以及航空航天工程等多门学科的发展奠定了基础，热工理论的研究与应用直接决定能源转化效率、节能技术及环境保护实施的成效，对于人类社会的可持续发展具有重大意义。同时，工程热力学也是基本理论多、基本概念抽象的一门课程，要深入理解基本理论和基本概念。"物有本末，事有终始，知所先后，则近道矣"。科学之本在于规律，正所谓"万变不离其宗，万象不离其律"，复杂的科学现象也离不开简单的科学规律。因此，我们在从事科学活动时，要学会透过现象看本质，把现象当作本质的一个环节，认识现象，从而达到认识本质的目的。

卡诺创立理想热机理论就是"透过现象看本质"的最好例证。蒸汽机革命之后，人们为了提高热机效率，曾盲目尝试采用不同工质代替蒸汽，但这样的研究不具备普遍性。卡诺抛开蒸汽机工作过程的次要因素，设想了没有能量损失的理想热机，揭示了热机循环的本质。他提出了以他的姓来命名的理想热机和循环——"卡诺热机"和"卡诺循环"。卡诺热机由汽缸、活塞和作为工作物质的理想气体及高温热源和低温热源组成。卡诺循环是一个可逆循环，这个过程是实际热机不可能完成的，因为实际热机是不可逆热机。卡诺在永动机不可能性的基础上，运用反证法证明了工作在相同的高温热源和低温热源之间的任何热机，卡诺热机的效率最高，解决了热机效率的极限问题。同时，他又总结出热动力与用来产生它的工质无关，仅由高温热源和低温热源的温度决定。卡诺兼有理论科学才能与实验科学才能，是第一个把热和动力联系起来的人，是热力学的真正的理论基础建立者。他出色地、创造性地用"理想实验"的思维方法，提出了最简单但有重要理论意义的热机循环——卡诺循环，大大促进了人们对热力学的认识，为热力学第二定律的发现开辟了道路。

案例 5-2　第一次工业革命史话——蒸汽机的发明

📖 一、 案例内容

1. 蒸汽机的诞生与发展

法国物理学家丹尼斯·帕潘在 1679 年发明了产生高温蒸汽快速烹调食品的密封锅，也就是现在俗称的"高压锅"。在观察蒸汽逃离高压锅的现象后，他又想到了蒸汽做功，制造了第一台蒸汽机的工作模型。同时代的英国人萨缪尔·莫兰也提出了蒸汽机的概念。

16 世纪末到 17 世纪后期，英国的采矿业（特别是煤矿）已发展到相当的规模，单靠人力、畜力已难以满足排除矿井地下水的要求，而现场又有丰富而廉价的煤作为燃料。现实的需要促使许多人致力于"以火力提水"的探索和试验。

1698 年，英国工程师托马斯·塞维利根据帕潘的模型，发明出一台应用于矿井抽水的蒸汽机，这是人类首次把蒸汽作为一种人为制造动力，但这种机器还极不完善。塞维将一个蛋形容器先充满蒸汽，然后关闭进汽阀，在容器外喷淋冷水使容器内蒸汽冷凝而形成真空。打开进水阀，矿井底的水受大气压力作用经进水管吸入容器中；关闭进水阀，重开进汽阀，靠蒸汽压力将容器中的水经排水阀压出。待容器中的水被排空而充满蒸汽时，关闭进汽阀和排水阀，重新喷水使蒸汽冷凝。如此反复循环，用两个蛋形容器交替工作，实现连续排水，但汲水深度不能超过 6 米。为了从几十米深的矿井汲水，须将提水机装在矿井深处，用较高的蒸汽压力才能将水压到地面上，这在当时无疑是困难而又危险的。

1712 年，英国工程师托马斯·纽科门首次制成了可供实用的大气式蒸汽机，被称为纽科门机。这台蒸汽机的汽缸活塞直径为 30.48 厘米，每分钟往复 12 次，功率为 5.5 马力。这种蒸汽机先在英国，后来在欧洲大陆得到迅速推广，它的改型产品直到 19 世纪初还在制造。纽科门的蒸汽机将蒸汽引入气缸后阀门被关闭，然后冷水被洒入汽缸，蒸汽凝结时造成真空。活塞另一面的空气压力推动活塞。在矿井中连接一根深入竖井的杆来驱动一个泵。蒸汽机活塞的运动通过这根杆传到泵的活塞来将水抽到井外。但是，纽科门大气式蒸汽机的热效率很低，燃料消耗大，只在煤价低廉的产煤区才能得到推广。

2. 瓦特改良蒸汽机

1736 年，瓦特（见图 5 - 2）生于英国格拉斯哥城。他的祖父和叔叔是机械工人，父亲是造船工人。因为家里穷，瓦特几乎没上过学，但在家庭的影响下，他从小就懂得了不少机械制造的知识，培养了制造机械的兴趣。瓦特好像生来就与蒸汽有缘，他还是五六岁的孩童时，就常守着火炉，看那开水壶上的壶盖被汽顶得上下地跳动，经常问这是为什么。

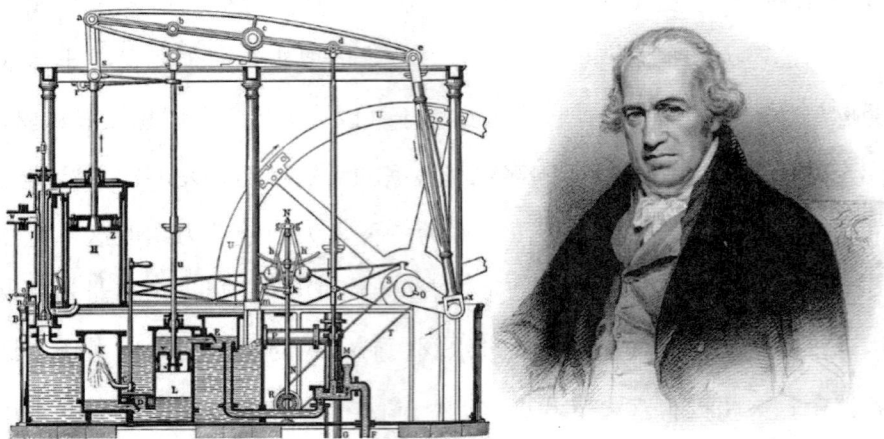

图 5 - 2　英国发明家瓦特（1736—1819）和他改良的蒸汽机

18 岁那年，瓦特来到格拉斯哥城学习手艺，后来又去伦敦专门学习机械制造。1757 年，瓦特到格拉斯哥大学当实验员，专门制作和修理教学仪器。瓦特聪明好学，大学又为瓦特提供了良好的学习与实践的机会。他常抽空旁听教授们讲课，又终日亲手摆弄那些仪器，学识得到很大的提升。

1764 年，格拉斯哥大学收到一台纽可门蒸汽机的修理请求，任务很快交给了瓦特。当时这种机器距离发明出来已经过去 50 多年了，看上去又大又笨。瓦特将这台机器修好后看着它这样吃力地工作，觉得实在应将它改进一下才好。

瓦特注意到毛病主要在缸体，随着蒸汽每次热了又冷，冷了又热，白白浪费许多热量。能不能让它一直保持不冷而活塞又照常工作呢？他收集了几台报废的蒸汽机，决心要造出一台新式机器来。他整日摆弄着竹筒、木轴，左比右试，这样有两年时间，总算弄出个新机样子。瓦特原以为他的革新方案很快就能实现，就去向一个工厂主借债。可是点火一试，那汽缸四处漏气。瓦特想尽办法，用毡子包，用油布塞，但几个月过去了，还是治不好这个毛病。由于瓦特的工作毫无进展，工厂主宣布不再给他资助，瓦特十分气馁，几乎就要放弃。

后来，在妻子的鼓励下，瓦特打起精神又干起来，他将过去的资料重新翻检一番，干累了时就守着炉子烧壶水喝茶。一天，他正这样闷头喝茶，看着那个儿时就感兴趣的一动一动的壶盖，突然灵光一闪，猛然想到："茶水要凉，倒在杯里；蒸汽要冷，何不把它从汽缸里也'倒'出来呢?"

瓦特这么一想，便立即设计了一个和汽缸分开的冷凝器，这下热效率提高了三倍，用的煤只有原来的四分之一。他立刻来到大学里向布莱克教授请教了一些理论问题，教授又介绍他认识了发明镗床的威尔金技师。这位技师用镗炮筒的方法为瓦特镗制了汽缸和活塞，解决了那个让他最头痛的漏气问题。

到 1784 年，瓦特的蒸汽机已装上曲轴、飞轮，活塞可以靠从两边进来的蒸汽连续推动，再不用靠人力去调节活门，世界上第一台真正的蒸汽机终于面市。而这时距瓦特接手修理那台纽可门蒸汽机已经过去了整整 20 年。

3. 史蒂芬逊发明蒸汽机车

19 世纪 30 年代，蒸汽机已广泛应用到纺织、冶金、采煤、交通等领域，很快引起了一场技术革命。美国人富尔顿发明了用瓦特蒸汽机作动力的轮船；英国人史蒂芬逊发明了用瓦特蒸汽机作动力的火车。瓦特的蒸汽机成为真正的国际性发明，它有力地促进了欧洲 18 世纪的产业革命，推动世界工业进入了"蒸汽时代"。

1804 年，英国工程师理查德·特里维希克在瓦特蒸汽机的基础上设计制造了世界上第一台实用性轮轨蒸汽机车。到了 1810 年，英国发明家乔治·史蒂芬逊（见图 5-3）开始着手制造蒸汽机车。他是一位煤矿工人的儿子，从小熟悉矿井里用来抽水的蒸汽机，后来立志从事交通工具的发明创造。经过几年的努力，史蒂芬逊终于在 1814 年发明了一台蒸汽机车，被称为"布拉策号"，它在前进时不断从烟囱里冒出火来，因此被称为"火车"。

1814 年，史蒂芬逊在试运行"布拉策号"机车时虽然取得了成功，但也暴露出许多问题，如噪声太大，振动强烈，蒸汽机随时都有爆炸的可能。火车开动时浓烟滚滚，车轮摩擦铁轨时火星四溅；坐在车上的人则满面烟尘，被颠得筋疲力尽。蒸汽机冒出的火焰把附近的树木都烧焦了。但是，史蒂芬逊没有气馁，而是不断进行改进。他在车厢下面加装了减震的弹簧，用熟铁代替生铁作铁轨的材料，在枕木下加铺了小石子，增加车头和车厢的车轮数量，把蒸汽机安装在车头以减少发生危险时的损害等。

图 5-3 英国发明家史蒂芬逊（1781—1848）和他发明的火车

1825 年 9 月，史蒂芬逊亲自驾驶他同别人合作设计制造的"旅行者号"蒸汽机车在新铺设的铁路上试车。"旅行者号"的情况已经有了相当大的改善。它牵引着 6 节煤车、20 节挤满乘客的车厢，载重达 90 吨，时速 15 英里。这一壮观场面吸引了众多的人前来观看。随着火车的一声鸣叫，它向全世界宣告了人类迈入了"火车时代"，迅速扩大了人类的活动范围。

二、思政要点解析

从 1679 年帕潘提出蒸汽机模型开始，到 1825 年史蒂芬逊驾着"旅行者号"带来全新的交通时代，英国工匠们足足打磨将近 150 年。其中，1776 年瓦特改良的蒸汽机开启了这场伟大的变革，促使人类迎来了第一次工业革命。恩格斯在《自然辩证法》中写道："蒸汽机是第一个真正国际性的发明……瓦特加上了一个分离的冷凝器，这就使蒸汽机在原则上达到了现在的水平。"同时他还指出："随着对自然规律的知识的迅速增加，人对自然界施加反作用的手段也增加了；如果人的脑不随着手、不和手一起、不部分地借助于手相应地发展起来的话，那么单靠手是永远造不出蒸汽机来的。"当时自然知识的理论进展已为瓦特的改良工作做好了相应准备，瓦特建构了从脑（理论知识）到手（劳动实践）的连接。瓦特在改良蒸汽机的技术进步中发挥了重要的作用，深刻地彰显了凝结在其身上的工匠精神。

锲而不舍是工匠精神的必要品质。纵观蒸汽机的发明历史，瓦特的改良工作一度毫无进展，最终历经 20 年才获得成功；史蒂芬逊最初的"布拉策号"漏洞百出，却凭借着惊人的毅力不断改进，终于创造了蒸汽机车的时代。不积跬步无以至千里，不积小流无以成江海。瓦特等人日复一日地重复着枯燥却又有趣、烦琐却令人激动的试验，这些皆为锲而不舍、持之以恒之果。面对挫折、失败时不放弃，取得阶段性成就时不止步，面对他人的非议、质疑时不后退，行至"山重水复"处不委曲求全。当前正处于全球新一轮科技革命酝酿期，我国应在核心技术的突破和高精尖领域实现创新，也许可以从瓦特等人体现出来的工匠精神中汲取某些教益和启迪。

当前"科技自立自强"成为国家发展的战略支撑，如何发扬工匠精神，通过技术创新推动能源科技的发展，解决国内能源安全和低碳转型的问题，已成为当代能源动力类大学生的时代责任。培育时代所需的工匠精神，就要重视工程教育和实践教育的培养环节，紧跟科学技术的前沿领域，重视培养卓越的工程师或者瓦特式的工匠。从蒸汽机的发明历史中我们也清晰认识到，任何重大技术发明创造都不可能一蹴而就进入应用推广阶段，需要根据实际应用情况作出调整、改善，精益求精，并使之不断趋于完美，这也正是工匠精神的要义所在。

案例 5-3 开启内燃机时代的工匠们

📖 一、案例内容

1. 内燃机的诞生

在蒸汽机发明之后，人们逐渐认识到，由于蒸汽机的燃料必须在汽缸外部燃烧，热能要通过蒸汽介质才能转化为机械能，使得其存在体积庞大、机动性差、效率低下等缺点。1824 年，卡诺在他的一本书中论述了"燃烧产生的能量就能直接驱动活塞"的装置。但困难的是，这种装置所用的燃料必须是气体或是易于蒸发的液体燃料。直到 19 世纪后半叶，世界石油资源才被逐渐开发出来，液体燃料的大规模使用才成为可能。

1833 年，英国人赖特基于卡诺的理论大胆提出直接利用内燃机的想法：把锅炉和汽缸合二为一，省去蒸汽介质，让燃料燃烧膨胀的高压气体直接推动活塞做功，从而制造出一种热效率更高的动力机。然而，空有理论的赖特并没有制造出内燃机。

到 1859 年，法国发明家艾蒂安·勒努瓦基于前人的理论知识，终于制造出世界上第一台可运转的内燃机。1860 年，他把这台内燃机装在一辆小型运输车辆上，使它成为世界上第一辆内燃机驱动的"不用马拉的车子"。勒努瓦发明的内燃机无压缩、电点火、使用煤气，但是燃料消耗量很大，热效率仅为 4％左右。

两年后，另一位法国工程师阿方斯·博·德罗沙重新发现了卡诺循环的卓越理念。在卡诺原理的基础上，他创造性地提出了四冲程内燃机工作原理：活塞下移、进燃气——活塞上移，压缩燃气——点火，气体迅速燃烧膨胀，活塞下移做功——活塞上移，排出废气。四个冲程周而复始，推动机器不停运转。这个工作原理提出了取得最高效率和最佳经济性能所需要的条件，即点火前要高压、燃气要迅速膨胀。然而，德罗沙的研究成果未受到重视，心灰意冷的他中止了研究。

与此同时，德国发明家尼古拉斯·奥古斯特·奥托也着手研究内燃机。经过几年的探索和尝试，奥托终于在 1862 年发明和制造出四冲程内燃机。

1883 年，德国工程师戈特利布·戴姆勒在奥托循环机的基础上，成功研制出第一台四冲程往复式汽油机。这种汽油机转速高、功率大、体积小、重量轻，特别适用于交通工具。1890 年，戴姆勒创建了自己的汽车公司，他也成为现代汽车工业的先驱者之一。

1885 年，德国工程师鲁道夫·狄塞尔开始研究柴油机，即利用压缩空气的高温在气缸中直接点燃燃料。1892年他制造了第一种试验机，这是一种结构更简单、燃料更便宜的内燃机，后来被广泛应用于汽车、船舶等交通工具。

短短几十年间，在众多科学家和工匠们的努力下，内燃机从无到有、从原理到技术、从模型机到产业化，走完了一个重大发明历程，使人类从此进入了内燃机时代。

2. "内燃机之父" 奥托

1832年，奥托（见图5-4）出生于德国霍兹豪森镇。虽然没有机会进入大学学习，但是奥托非常善于学习、喜欢钻研。当他听说勒努瓦发明了内燃机时，觉得很新鲜，就自己研究了起来。经过实验，奥托认识到如果勒努瓦内燃机能够使用液体燃料为动力，那么内燃机使用起来就方便得多了。因为在这种情况下机器不必与一个煤气管道相连接。他很快就发明出一种汽化器。可是，当奥托兴冲冲地拿着自己的研究去申请专利时，却被告知已经有人想出了这个设计，因此无法获得专利权。

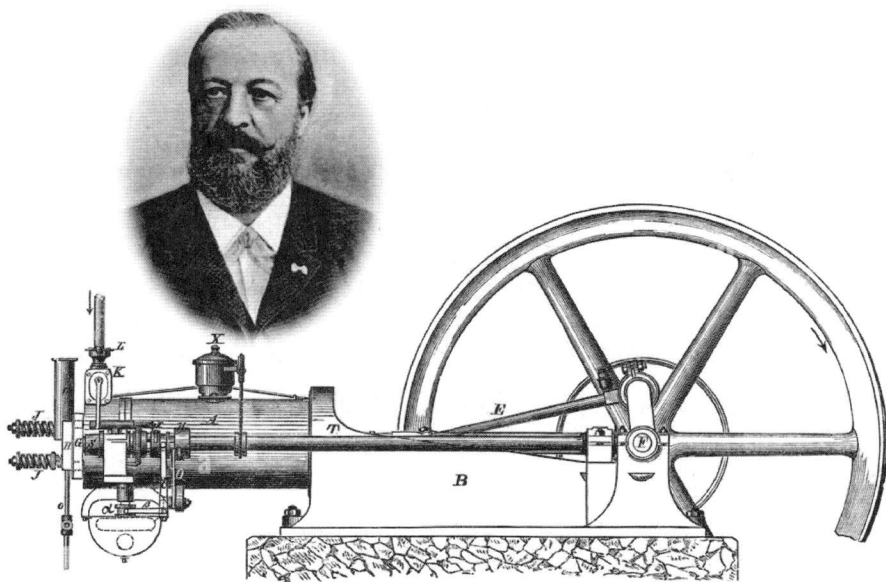

图5-4 德国发明家奥托（1832—1891）和他发明的内燃机

这次失败经历非但没有让奥托灰心丧气，反而激发了他要造一个更先进的内燃机的想法。奥托继续利用业余时间研究内燃机，他发现勒努瓦发明的内燃机用的是两冲程。于是，奥托就想把它增加到四个冲程，这样内燃机不仅使用更为方便，动力也会大大提高。但是，1862年当奥托造出第一台四冲程内燃机后，他发现改变了燃料的内燃机无法实现正常点火，经过反复尝试和研究，仍解决不了这个问题。无奈之下，奥托只好先把这个问题放在一边，重新研究起了以煤气作为动力的内燃机。

不久，奥托就成功改良了之前内燃机的煤气动力技术，并获得了专利。奥托因此拿到一大笔奖金，也有了充分的时间和精力研究自己的发明了。1863年，奥托与尤金·兰根合伙开起全球第一家内燃机公司。随后，在1867年的万国博览会上，由奥托公司生产的二冲程内燃机备受关注，最终获得了由博览会方面颁发的金牌，商业上也获得很大的成功。

奥托依靠自己的发明技术赚钱之后，始终没有忘记追逐自己的梦想——设计四冲程内燃机。当时因为资金和技术的限制，他的这个想法被迫搁置，而现在条件成熟了。

1876年5月的一个夜晚，奥托的实验室透出几丝火光。突然，房间里传出了"突突"的声音。奥托兴奋地喊了起来："我终于成功了！这将是世界上第一部四冲程的内燃机！"此时的奥托享受着研究带来的成就感和快乐。这项发明立刻在全球工业界引起了"地震"。

1885年，奥托把内燃机装在了一辆自行车上，世界上第一台摩托车就此诞生了。随后，一个叫卡尔的人制作了第一辆三轮汽车，从奥托的公司离职单干的工程师戴姆勒造出了第一台四轮汽车，他们使用的都是由奥托发明的四冲程内燃机。

3. "柴油机之父" 狄塞尔

1858年，狄塞尔（见图5-5）出生于法国巴黎。1875年，他进入慕尼黑工业大学读机械制造专业，并以优异成绩毕业。1885年，他辞去热机工程师工作，设立了自己的实验室，开始研究动力机。

图 5-5　德国发明家狄塞尔（1858—1913）和他发明的柴油机

1892 年狄塞尔发表了题为《合理的热机的理论和设计》的论文，提出了一种新型内燃机，并获得了专利。按照他的设想，先向汽缸内送入空气，然后压缩空气至高压，使空气的温度升高。接着，向汽缸内喷入柴油，在高温高压之下柴油就会自然着火。柴油的燃烧进一步升高汽缸内的温度，使气体急剧膨胀，从而推动活塞做功。狄塞尔认为，这种新型内燃机不用设置点火装置，因此结构更为简单，用途也更广泛。同时，它刚开始吸进汽缸内的是纯空气，而不是空气与燃料混合物，因此在加大压力时不会发生"爆燃"。这样，也就可以提高压缩压力，使压缩的空气温度达到或超过柴油的燃点，引燃柴油。

像所有伟大的发明家一样，狄塞尔在前进道路上也是困难重重。他首先选用了植物油燃料，但实验证明这种燃料燃烧不稳定，成本也太高，难以满足狄塞尔循环的要求。好在当时石油制品逐渐在欧洲普及，狄塞尔选择了本来用于取暖的重馏分燃油——柴油作为燃料。

1893 年，狄塞尔制成了第一台使用柴油的发动机。第一次试验时，压力达到了 80 个大气压，为当时人类记录的最高压力。但是这台柴油机在试验时就发生了爆炸。面对失败，狄塞尔并没有灰心。他认为这次试验证明，将燃料喷入高压空气中是能够自动着火的，符合狄塞尔设计时所依据的原理。于是，狄塞尔总结经验教训，继续进行研究和改进。

1894 年，狄塞尔又研制了一台柴油发动机，但压燃式发动机的结构强度始终是个难题。因为汽缸内承受的压力太大，这台柴油机在试验时仅运转了 1 分钟，汽缸内壁就产生了裂痕。针对汽缸出现的问题，狄塞尔取消了原来设计的等温燃烧过程，采用水冷式汽缸，并且适当降低了压缩空气的压力。1897 年，狄塞尔研制的柴油发动机式终于成功了。它运转时输出的功率起初为 18 马力，后来达到 25 马力。柴油机的热能损耗较少，使用时效率可以达到 38%，超过了其他热力发动机的效率。从狄塞尔最初开始动手研究，提出设想，经过无数次的失败、重新设计和改进，终获成功，时间已经过去了整整 12 年。这期间，狄塞尔的内燃机理论也在反复的研制过程中被不断地修改，日臻完善。

后来，狄塞尔发明的柴油机在汽车、船舶和许多工业领域得到越来越广泛的应用。柴油机虽然后来又经过了 100 多年的发展，但都是基于狄塞尔提出的定压膨胀原理。狄塞尔作为柴油发动机的发明者已被载入史册。

📖 二、 思政要点解析

工匠精神是工匠对自己生产的产品精雕细琢、精益求精，追求完美和极致的精神理念。从开启内燃机时代的工匠们身上，我们也许可以更加深刻地理解工匠精神的内涵。首先是精益求精。狄塞尔为了发明完美的柴油机，从细节入手，克服重重困难，不惜花费时间精力，孜孜不倦，反复改进产品，终获成功。其次是一丝不苟。狄塞尔的柴油机最初也出现很多问题，甚至发生爆炸。面临失败，他吸取教训，以更加严谨的态度不断改进，确保每个工艺和材料的质量。三是耐心、专注和坚持。奥托发明四冲程内燃机、狄塞尔发明柴油机，都经过了 10 余年的坚持和积累，不断完善使用的材料、设计和流程，因为真正的工匠在专业领域上绝不会停止追求进步的脚步。四是专业和敬业。工匠精神的目标是打造本行业最优质的产品，其他同行无法匹敌的卓越产品。为了克服蒸汽机的先天不足，内燃机的发明者们突破理论限制，另辟蹊径，勇于实践，推动了工业发展的再次飞跃。

我国虽是工业大国，但与工业强国相比还有一些差距。我国提出以中国式现代化推动中华民族伟大复兴。中国式现代化道路是全球化条件下中国工业化的必然选择，也遵循现代化建设的一般规律。原发现代化国家给我们留下了一定的经验。例如，工业化进程中除注重市场经济和科学技术等生产力要素外，还要重视营造自由平等的文化氛围，培育"工匠精神"等。青年大学生肩负着引领国家从制造大国迈入制造强国的重大使命，要传承和弘扬优秀中国工业文化，吸收借鉴国际先进经验，自觉接受工业文化的熏陶，正确理解和弘扬"工匠精神"，培育创新精神。

案例 5-4 徐寿："师夷长技"开启轮船自造时代

一、案例内容

1840 年鸦片战争爆发，西方的坚船利炮叩开了清朝闭关锁国的大门，中华民族蒙受屈辱与苦难。一批有识之士提出"师夷长技以制夷"的口号，开启了中国近代工业化的大门。徐寿与华蘅芳等人研制了中国第一台蒸汽机，推动了中国近代造船业的发展。

1. 格物致知，自学西方科技

1818 年，徐寿（见图 5-6）出生于江苏无锡。他父母早逝，为了养家糊口，他不得不放弃八股制艺，一面务农，一面经商。无锡当时是有名的手工业之乡，有许多能工巧匠。受这种风气的影响，徐寿从小就爱好工艺制作，"手制器械甚多"。同时，他还熟读经史，喜欢研究诸子百家，见解独到。随着西方科技的传入，以及受到明清以来"学以致用"思想的影响，他开始研读格致之学，博览自然科学著作。后来，徐寿与青年数学家华蘅芳相识，两人成了终生朋友。他们到处访书求友，每见新学新知，总是相互交流。他们不仅潜心研究中国历代的科技典籍，对于从欧洲翻译过来的西方科技著作也认真加以研究。

图 5-6　徐寿（1818—1884）与中国海军的第一艘蒸汽动力船——"黄鹄"号

在徐寿的青年时代，中国尚无进行科学教育的学校，也没有专门从事科学研究的机构。1853 年，他与华蘅芳来到上海，从外国传教士开办的墨海书馆中买回《博物新编》等一批西方科技书籍自学。这些书介绍了西方近代科技基础知识，论述了近代化学、蒸汽机原理、哥白尼和牛顿天文学等内容。坚持自学需要坚韧不拔的毅力，徐寿凭借着这种毅力和对科学知识的执着追求，刻苦研读，掌握了化学、物理、机械、数学等多门学科的基础知识，并有着极深的造诣。在自学中，他和华蘅芳经常共同研讨疑难问题，相互启发。在学习方法上，徐寿还很注意理论与实践相结合。从上海回乡后，徐寿和华蘅芳按照书中所论自制器具，验证其中的一些科学理论和实验。例如他们曾用水晶印章磨制成三棱镜，以检验光的折射定律在三棱镜中的特殊现象和光分七色的原理。更难能可贵的是，徐寿还触类旁通，试做了《博物新编》中还没有加以讨论的实验，并将书中的结论推而广之，得到了新的结果。

2. 博学多通， 首制蒸汽动力船

鸦片战争失败的耻辱，促使清朝统治集团内部兴起一阵办洋务的热潮。兴办洋务，除了聘请一些洋教习外，还必须招聘和培养一些懂得西学的中国人才。在这种情况下，博学多才的徐寿引起了洋务派的重视，曾国藩、左宗棠、张之洞都很赏识他。1861 年，曾国藩在安庆开设了军械所，他以"研精器数、博学多通"的荐语征聘了徐寿和他的儿子徐建寅，以及包括华蘅芳在内的一批学者。

1862 年，徐寿就接受了主持"自制轮船"的任务，参与研制的还有华蘅芳、吴嘉廉、龚芸棠、徐建寅。制造轮船的关键是创制蒸汽动力机，当时国内没有成功的经验可以借鉴，更没有现成的图纸，任务非常艰难。虽然《博物新编》和《海国图志》中都有关于蒸汽机和轮船的内容，但都只是示意图，对于各部件的结构、具体的尺寸规格等并无详细说明。徐寿等人就到安庆江边察看外轮的行驶情况，并上船观察轮机的动作并测绘主要部件。没有车床、锉刀等基本加工工具，徐寿就白手起家地自制。当时在上海出版的英文报纸《字林西报》称："全部工具器材，连同雌雄螺旋、螺丝钉、活塞、气压计等，均经徐氏父子亲自监制，并无外洋模型及外人之协助。"

徐寿、华蘅芳等人就是利用这些零星的资料，反复思考，苦心设计、铸造，开始了蒸汽机的建造。每当华蘅芳设计出来一个机器部件的图式，徐寿就亲自动手和工匠一起铸造，配合得十分默契。当时的许多工匠知道要自造轮船，也都非常激动，积极配合，主动赶工。当时缺少制器的机床和测试设备，徐寿等人的造船进度只能从锤子的击打中去推测。就这样，徐寿等人凭借高超的手工技艺，克服种种困难，解决一个个技术难题，用近乎原始的方法制造出蒸汽机所需的各类零部件。经过三个月的奋战，完全由中国人自己制造的第一台蒸汽机终于研制成功。该机以锌类合金制造，汽缸直径 1.7 寸，引擎转速每分钟 240 转。从所制造出的蒸汽机的结构来看，它已与当时世界先进水平的往复式蒸汽机相差无几。曾国藩对此非常满意，感叹道："窃喜洋人之智巧，我中国人亦能为之！"

于是，徐寿等人乘胜前进，正式开始研制蒸汽动力轮船。同时他以鼓励的口吻相嘱："如有一次或二次试造之失败，此项工程仍须进行。"1866 年，经过三年的努力，徐寿等人终于在南京金陵机器制造局建造了中国第一艘蒸汽动力船——"黄鹄"号。这艘木质明轮船长 55 尺，排水量为 25 吨，航速超过每小时 22 里。同年 4 月"黄鹄"号首航成功，中国近代的造船工业正是从这里启航。在当时极为简陋的条件下，徐寿等人解决了一个又一个的技术难题，终于大功告成，真可以说是一个奇迹。此后，徐寿等人再接再厉，陆续造出"恬吉""操江""测海"等多艘轮船。1875 年，"驭远"号下水，该舰排水量达 2800 吨，马力 1800 匹，下水时上海全城轰动，人们不禁赞叹"技精人神"。

3. 致力翻译，启发近代科学

在研制轮船的过程中，徐寿深感引进西方科学技术的迫切性，更觉必须培养自己的技术人才。为此，翻译西方科学技术方面的著作便成为当务之急。

"黄鹄"号试制成功后不久，徐寿上书曾国藩，建议翻译西书。徐寿不会外语，便师法明代科学家徐光启的办法，由通晓中文的外国人将原文口译成汉语，同时由他笔录其译文。遇到疑难之处，则由两人共同推敲解决，最后由徐寿修饰文字，整理成书。徐寿等人先后翻译《汽机发轫》《金石识别》《运规指约》等书籍，徐寿的角色也由"制造名家"转变为"翻译名家"。

徐寿认为翻译能开启民智，为此不顾一些朝廷高官的重金礼聘，辞谢了山东机器局、四川制造局总办等的聘任，专心译书。据统计，徐寿一生共翻译 26 部西书，加上专论、校书等，共计 290 万字。徐寿还带动了他的儿子徐建寅、徐华封开展西书翻译和专论编著，后来徐建寅的两个儿子也参与进来。三代人加起来，共出版书籍多达 740 万字。徐家父子因此被尊为"中国近代科学之父"。

徐寿的贡献不仅限于物理学，他对中国化学的贡献影响更为深远。他所翻译的《化学鉴原》一书被时人誉为"化学善本"，是近代化学传入中国早期影响最大的一部译书。当时，许多化学术语还没有现成的汉语词汇来表达。徐寿等经过研究，创造性地提出将元素英文名的第一音节或次音节译为汉字，再加上偏旁以区分元素大致类别的造字法，由此拟定了一套元素、化合物和化学概念的汉语译法。我们今天熟悉的硒、碘、钙、铍、锂、钠、镍等字，都是依据这一原则新造出来的。这个元素译名原则大体沿用至今，元素周期表也大部分出自徐寿的翻译。

二、思政要点解析

在中华民族的历史长河中，一个个能工巧匠以精雕细琢的高超技艺，创造了无数的艺术瑰宝和精工利器。"如切如磋，如琢如磨""炉火纯青""庖丁解牛"，反映的正是工匠们慎始如一的求卓态度。虽然在从农耕文明向工业文明转型的过程中，传统的工匠精神逐渐淡出了人们的视野，然而作为一种优秀的职业伦理、一丝不苟的工作态度、坚守专注的意志品质、革故鼎新的创新理念，依然绽放着穿越时空的魅力，并在现代工业文明的发展潮流中发挥着无可替代的作用。

如今，近代中国特有的工匠精神对当代大学生们仍有着重要的启示和激励作用。首先是要有高度自觉的民族使命感与责任感。晚清末年，清军水师使用的都是帆桨动力的战船，远比西方资本主义国家拥有的蒸汽动力舰船落后。魏源、郑复光等看到了这种巨大差距，呼吁中国人要自造蒸汽舰船来抵御侵略者。徐寿等人刻苦钻研，独立设计制造了我国第一艘以蒸汽为动力的轮船，为我国造船业的发展作出了卓越的贡献。同时，徐寿的一生不图科举功名，不求显官厚禄，勤勤恳恳地致力于引进和传播国外的科学技术，对近代科学技术在中国的发展作出了不朽的贡献，不愧为科学家的一生、近代化学的启蒙者。其次是要有励精图治、自强不息的精神。徐寿等人在资料不足、经验缺乏、工业基础低下的条件下，克服重重困难，创制出我国第一台蒸汽动力机。虽然在封建落后的旧中国，我国造船业并未因此而顺利发展壮大，但其在中国近代工业的发展中依然发挥了重要作用。

案例 5-5 詹天佑：用"工匠精神"筑造中华铁路

一、案例内容

詹天佑（见图 5-7）1861 年生于广东南海，原籍安徽婺源（今属江西）。他

12 岁时留学美国，17 岁考入耶鲁大学土木工程系，学习铁路工程。1881 年，詹天佑以优异成绩毕业。1888 年，詹天佑回国进入由李鸿章、伍廷芳创办的中国铁路公司，成为我国首位铁路工程师。从 1888 年到 1919 年，詹天佑主持或参与修建了唐山铁路、京津铁路、萍醴（萍乡至醴陵）铁路、京张铁路（北京到张家口）等多条铁路。辛亥革命后，詹天佑先后任广东商办粤汉铁路总公司总理兼工程师、交通部技术总监，负责兴建了粤汉、川汉铁路等。詹天佑为我国培养了第一批铁路工程人员，为修筑和管理铁路制定了科学周密的行车、养路、机车、电报、巡警等规程。经詹天佑建议，统一了全国铁路建设的工程标准，为我国自行设计修建铁路奠定了基础。因其设计修建铁路的成就，詹天佑被称为"中国铁路之父""中国近代工程之父"。

图 5-7　中国铁路工程专家詹天佑（1861—1919）

1. 沐雨栉风，铁路建设显身手

1881 年 10 月，詹天佑回国。然而，清朝官员囿于科举"功名"之见，只当他是拥有一技之长的工匠。于是，长期学习铁路工程的詹天佑被分配到福州船政学堂学习舰船驾驶。詹天佑虽然不喜欢这样的安排，但沉稳的性格让他并未怨天尤人，而是凭借自己数理基础，轻松完成航海驾驶专业的课程，成为"扬武"舰的实习船员。到 1884 年 2 月,詹天佑调任福州水师学堂教习。因教导出色,获得清政府五品顶戴奖。同年 10 月,詹天佑由张之洞邀请回粤,在广州黄埔广东实学馆(后改名广东博学馆)外文教习。

直到 1888 年 5 月,詹天佑的铁路学识才终于在 7 年之后受到重视,调任中国铁路公司的帮工程师(相当于总工程师助理)。从 1881 年中国首条铁路唐胥铁路开始,中国就一直聘请英国人金达担任总工程师。詹天佑担任帮工程师期间,先后参与津唐铁路、关东铁路的勘察设计与施工建设工作。

在修建关东铁路的滦河大桥时,詹天佑第一次获得主持桥梁修建的机会。关东铁路滦河段泥沙淤积较深,地质结构复杂,施工环境十分恶劣,英、日、德工程师均未能成功,金达这才要求詹天佑接手。詹天佑率领中国工程师团队探讨各国工程师的失败原因,深入滦河工地实地调研,调整桥址与钢桥结构,制定更为科学的施工方案,最终,全长 670 米的滦河大桥如期完工。

詹天佑之所以取得成功,一是不迷信外国权威,始终坚持科学方法;二是深刻理解工程施工是实践科学,需要贴近工人。施工过程中,詹天佑与工人同吃同住,虚心听取他们的意见,解决了许多实际的工程难题。詹天佑还将中国传统的桥梁打桩方法融入应用,聘用大量潜水员潜入滦河水下,采用气压沉箱法建造桥墩。虽然求学于海外,但詹天佑从未轻视中国传统技艺,而是将传统与科学融会贯通,这也体现在他修建京张铁路的过程中。1894 年,33 岁的詹天佑加入英国土木工程师学会,成为该学会首名中国会员。

1895 年至 1903 年间,詹天佑先后担任多条铁路的筑路工程师、线路总工程师,亲自在一线指挥施工。他的辛勤工作得到清廷高层的认可,赞扬他"胼手胝足,沐雨栉风""在事异常出力"。

2. 自力更生, 京张铁路铸丰碑

1904 年,清政府决定修建北京至张家口铁路。由于英、俄两国对铁路修建权的争议,清政府只得决定京张铁路由中国自行筹资修建,任用中国人担任总工程师。1905 年 5 月,直隶总督袁世凯命令 44 岁的詹天佑"即对拟修筑之北京到张家

口铁路进行测量",这意味着詹天佑成为这条铁路的总工程师。

北京至张家口的直线距离只有 200 多公里,但要跨越数十公里长的太行山余脉军都山,地形险峻,跨越以八达岭为最高峰的关沟地区更是一项艰巨的任务。中国从无自主修建铁路的先例,因此部分西方媒体还公开讥讽:"中国造此路之工程师尚未诞生。"

詹天佑不惧困难,亲自背着标杆、经纬仪等测量仪器,带领工程师们针对关沟地区的 20 公里路段反复展开细致的勘测。他后来回忆道:"京张之间工程最难之点为南口关沟,曾经测勘七八条线之多,始定一线。"

詹天佑考虑得最多的是八达岭隧道的挖掘成本问题。按照先前的初步勘测,关沟段需要挖掘八达岭隧道约 3 公里。詹天佑调整隧道的起止点,隧道全长缩短为 1.8 公里。但他还是不满意,又对关沟地区展开反复测度,终于找到八达岭隧道的最短距离。1905 年 8 月,詹天佑在日记中记载:"我们决定将原测路线稍加延长,使路线升高到与第 117 测站相同的高度。我们用此办法,可使八达岭山洞的长度从 6000 英尺(约 1800 米)缩短到 3000 英尺(900 米)……约可节省 100 000 银两。"最终,八达岭隧道被定为 1091 米,极大降低了工程费用负担与施工安全风险。

只是,缩短隧道全长,就要升高隧道起止点,铁路车辆必须先爬一部分陡峭的山坡,再进入隧道。经过百年发展后,在 1986 年的国家铁路标准中,蒸汽机车单机牵引的铁路车辆能够安全通过的连续最大坡度为 20‰。但在当时的关沟地区,坡度最高却可达 33‰,远超一般蒸汽机车的牵引能力。

为了让铁路车辆安全通过,詹天佑决定让列车在爬坡中途"休息一下"。列车前后均挂一台机车,爬坡前段前车拉、后车推,驶入地势较为平缓的青龙桥车站停稳;随后前车推、后车拉,倒出青龙桥车站,向着八达岭隧道入口继续爬坡。如此一来,青龙桥车站的进出两部分铁路就形成"人"字形,成为具有詹天佑特色的路线设计方案。

1905 年 10 月,京张铁路正式动工兴建;1906 年 9 月,京张铁路首段工程不到一年的时间就竣工了。

二、思政要点解析

近代以来，中国传统手工业文明与西方近代工业文明相结合孕育出的近代中国特有的工匠精神，其精神品格与中国传统工匠精神是一脉相承的。除了传统的技艺精湛和道德素养要求外，还具备更加丰富的科学知识和理论，这成为近代工匠精神的突出特点。詹天佑曾经说："技术的第一个要求是精密，不能有一点模糊和轻率，'大概''差不多'这类说法不能出自工程人员之口。"这体现了他以身作则、言传身教、脚踏实地、尊崇道德的优良品质和工作作风，以及精研学术、科学严谨、求真务实的职业精神，激励和影响着中国一代又一代的技术工作者勇攀高峰。

作为中国近代科技发展的里程碑，京张铁路的修建，体现了詹天佑具有的以追求卓越、精益求精、敬业坚守、勇于担当为主要内涵的"工匠精神"。1905年5月，詹天佑在给美国老师的信中说："如果京张工程失败的话，不但是我的不幸、中国工程师的不幸，同时会带给中国很大损失。在我接受这一任务前后，许多外国人露骨地宣称中国工程师不能担当京张线的石方和山洞的艰巨工程，但是我坚持我的工程。"这封信清晰地表达了完全凭中国人自己的智慧和能力设计修建京张铁路的决心和争取成功的自信。詹天佑以精湛的专业素养攻克了一个个技术难关，顺利完成了京张铁路的修建。詹天佑视铁路事业为自己的生命，对所从事的事业具有可贵的担当精神，在专业领域锻炼了精湛的技艺，这些正是对"工匠精神"的生动诠释。1919年，詹天佑曾抱病登上长城，浩叹"生命有长短，命运有沉升……所幸我的生命能化成匍匐在华夏大地上的一根铁轨"，道出了詹天佑为建设中国铁路奋斗终身的心声。

2019年12月，北京至张家口高速铁路正式开通运营。作为2022年北京冬奥会重点配套项目，京张高铁将北京至张家口太子城的冬奥会主赛场的时间缩至一小时内。1909年，京张铁路建成；2019年，京张高铁通车。从自主设计35公里到350公里，京张线见证了中国铁路的发展，也见证了中国综合国力的飞跃。百年前，"中国铁路之父"詹天佑主持建成京张铁路，开启中国铁路自主建设、自主创新、自主运营的历程；百年后，高铁已经成为中国的一张靓丽名片。

案例 5-6 冯如： 世界上最早制造飞机的中国人

一、案例内容

冯如1883年出生于广东恩平，是中国第一位飞机设计师、制造师和飞行家，被誉为"中国航空之父"。冯如从小就喜欢制作风筝和车船等玩具，对飞天故事充满向往。后来他到美国谋生，目睹美国先进工业，认为国家富强必须依靠工业的发达。冯如为改变中国贫穷落后面貌立志学习机械，最后他投入飞机制造并试飞获得成功。冯如的一生，是为中华崛起而奋斗的一生，他把毕生精力都献给了祖国的航空事业。

1. 少年机器制造家

冯如出生于一个贫农家庭，从小就热爱手工制造。12岁那年，在美国旧金山做小生意的舅舅回家省亲，见冯如一家生活困苦，想把冯如带到美国去谋生。冯如的父母起初极力反对。然而，冯如的求知欲很强，下决心要到国外开开眼界，将来干一番事业。他恳求父母："古人说'大丈夫四海为家'，我不愿意终生守候在家里，我愿意出去学门手艺，将来孝敬父母。"在他一再的请求下，父母终于同意了他赴美的要求。

1895年，冯如到达美国的西部城市旧金山，开始了新的生活。他看到这里工业发达，工厂星罗棋布，逐渐明白要用机器生产使国家发达起来，于是他下决心学习技术。6年以后，冯如转往纽约，在那里攻读机器制造专业。他学习非常刻苦，为探讨一个问题经常研究到深夜。尽管生活紧迫，冯如为了更多地了解西方科技发展的状况，经常把节省下来的食宿费用购买报纸书刊。为了交纳学费，他还要利用课余的时间去打工。冯如的学习成绩在班上始终名列前茅，学校见冯如学习如此刻苦，再加上成绩出众，决定免去他的学费。

1906 年，冯如在纽约学习机器制造之后，重返旧金山市，开始招徒制造机器。此时的冯如已经具备了广博的机械制造知识，通晓各种机器，已成为一位小有名气的机器制造家。他制作了一些抽水机和打桩机，设计制造的无线电收发报机由于性能良好也深受用户的欢迎。

2. 中国航空第一人

1906 年前后，有两件世界历史的大事引起冯如内心的震撼。第一件大事便是 1903 年 12 月 17 日，莱特兄弟自制载人动力飞机试飞成功。冯如产生了效法莱特兄弟试制飞机的念头。第二件大事更使他坚定了研制飞机的决心。1904 年，日俄为了争夺中国辽东半岛和朝鲜半岛的控制权，而在中国东北的土地上进行了一场帝国主义列强之间的战争。冯如为祖国的不幸痛苦不已，他说道："是（指制造机器）岂足以救国者。吾闻军用利器，莫飞机若，誓必身为之倡，成一绝艺以归飨祖国，苟无成，毋宁死!"冯如从此立下了"航空救国"的思想，要用自己的一技之长报效祖国。

研制飞机，首先遇到的困难是缺乏资金。冯如变卖了自己所有的金银玉器，还到华侨中去募集资金，共筹得资金 1000 余美元。1908 年 5 月，冯如租得奥克兰一间小屋子作厂房，定名为"广东制造机器公司"。年仅 25 岁的冯如，怀着"固吾圉，慑强邻；壮国体，挽利权"的雄心壮志，带领三位志同道合的助手，在这里开创中国人前所未有的伟业——制造飞机。

冯如勤奋地学习和研究，阅读了大量有关航空的科技文献，反复观察飞鸟的飞行情况。最终，他选定以莱特式飞机为设计的主要蓝本，同时博采众长，绘制出了飞机结构图。为了节省资金，在制造过程中，他们采用简单的工具和手工操作来制作飞机的大小零部件，往往要花费很多时间才能制成一个合格件。

经过 3 年努力，终于在 1909 年 9 月中旬，冯如制成一架可以载人飞行的动力飞机。冯如驾驶这架飞机飞上蓝天。在行将着陆时，飞机发动机的气冷装置由于过热而停止工作，飞机随即失控坠落地面，起落架的一个车轮与地面碰撞损毁。这是冯如在正式试飞前，为检验飞机装配是否完善无误而做的一次试验。

1909 年 9 月 21 日傍晚，"冯如 1 号"正式试飞。冯如驾机迎着强风起飞，升至 4.5 米高，环绕一个小山丘飞行，飞行了约 800 米，显示了飞机具有良好的性能。冯如首次试飞成功，标志着中国航空史的开端。当时中西报刊竞相报道。美国《旧金山考察者报》在头版显著位置刊登了冯如的大照片，赞誉冯如为"东方的莱特"。

1911 年 1 月，广东制造机器公司终于正式制成了一架飞机。1 月 18 日，冯如驾驶这架飞机，在奥克兰市的圣佛朗西斯科海湾岸边的艾劳赫斯特广场公开试飞。飞机在地面滑行了约 100 英尺，便飞上 40 英尺的空中，飞行历时 4 分钟，是一次完全成功的飞行。美国《旧金山星期日呼声报》用整版通栏大标题刊出"他为中国龙插上了翅膀"，并以巨龙、冯如飞机和冯如像作为套题图片，详细介绍了冯如其人其事。

3. 中国首创飞行大家

1911 年 2 月 22 日，冯如率领广东飞行器公司的技术人员朱竹泉、司徒璧如、朱兆槐，连同飞机两架（其中一架在装配中）及制造飞机的器材设备等，乘船离开旧金山回国。在征得广东制造机器公司股东议决后，冯如将公司易名为"广东飞行器公司"，并迁回广州，为发展祖国航空事业效力。

为了普及群众航空知识，唤起国人对祖国航空事业的认识与支持，经广东军政府核准，冯如于 1912 年 4 月在广东华侨最多的台山县城南门桥举行飞行表演。这是中国人第一次驾驶自制的飞机在祖国领空公开的飞行表演。

1912 年 8 月 5 日，经民国临时政府批准，冯如在广州郊区举行第二次飞行表演（见图 5-8）。冯如驾驶飞机凌空而上，高约 120 英尺，东南行约 5 英里。冯如意欲使飞机飞得更高，将两手所持之机关一抽，不意用力过猛，飞机直上，头高尾低，冯如两足浮松，全身下坠，飞机亦即坠落。冯如头、胸、股各部均受重伤。

虽有红十字会医生及军医急救，但因失血过多，抢救无效去世。

图 5-8　冯如（1883—1912）在广州燕塘准备试飞（坐机上者为冯如）

弥留之际，冯如仍然心系祖国航空事业。他吃力地把失事原因告知助手，勉励他们"勿因吾毙而阻其进取之心，须知此为必有之阶段"。冯如牺牲后，孙中山下令褒扬冯如始创中国飞行的伟大贡献，称誉其为"中国首创飞行大家"。

二、思政要点解析

冯如悉心钻研、勤于探索的科学态度，为我们青年学子提供了精神动力和效法榜样。在旧金山，冯如日间做工，晚上读书。后来，为学得更多的机器制造技能，他又来到纽约，先后在造船厂、电厂和机器厂当学徒工。历经 7 年的潜心学习钻研，他终于成为技艺精湛的机械工程师，为今后从事飞机制造与驾机飞行奠定了坚实的基础。冯如忠于事业、不畏艰险、百折不回的顽强意志，对于当前我国加速科技革命和产业变革转型显得弥足珍贵。由于受家庭条件的限制，冯如有生之年没有受过多少正规学校教育，但他凭着矢志攻坚、不畏艰险、百折不回的顽强意志，成就了自己所钟爱的航空事业。他数度飞机坠毁，屡遭磨难和挫折，但他愈挫愈勇、无怨无悔，为发展航空事业奋不顾身。

"非学习机器不足以助工艺之发达""誓必身为之倡，成一绝艺"。冯如这种酷爱科学、悉心钻研、勤于探索的科学态度，既是"冯如精神"的重要底色，也是践行工匠精神的根本要求。此外，由于特殊的历史环境，近代中国的工匠们鲜明地将产业发展要求与爱国自强精神联系在一起，自觉肩负着通过工业进步改变中国落后面貌的使命。20 世纪初，航空是当时最尖端的科学技术，冯如完全可以用他掌握的航空科学技术知识，在美国经营航空事业，赚取大量金钱。但他却一心想的是"成一绝艺以归飨祖国"，实现"壮国体，挽利权"的夙愿。如今，新一轮科技革命和产业变革正在重构全球创新版图，信息、生命、制造、能源、空间、海洋等的原创突破为前沿技术、颠覆性技术提供了更多创新源泉。能源类大学生也应忠于事业、不畏艰险、百折不回，立志致力于以清洁高效可持续为目标推动能源技术发展。

案例 5-7　新时代的工匠故事

一、案例内容

"天下大事，必作于细"。执着专注、精益求精、一丝不苟、追求卓越的工匠精神，既是中华民族工匠技艺世代传承的价值理念，也是我们开启新征程，从制造大国迈向制造强国的时代需要。航天飞行器、港珠澳大桥、京沪高铁……我国不断诞生各种超级工程、大国重器、高精尖技术，在这些成就的背后都离不开工匠精神的支撑。本案例讲述了几个新时代的"工匠故事"，介绍了以他们为代表的可学可敬的高技能人才典范，传播工匠技艺之美、精神之美。

1. "七一勋章" 获得者艾爱国

2021 年 6 月 29 日，湖南华菱湘钢工人艾爱国获颁授"七一勋章"，颁奖词写道：艾爱国是工匠精神的杰出代表，在焊工岗位奉献 50 多年，精益求精，追求卓越，勇于自主创新，攻克了数百项技术难关，成为一身绝技的焊接行业"领军人"。

焊接是重工业衍生出来的一种技术，在工业领域有着极大的作用。作为钢铁厂的焊工，艾爱国自称为"钢铁裁缝"。几十年如一日地理论钻研与实践操作，练就了他"钢铁"般的硬本领。湘钢人都知道，艾爱国没有什么业余爱好。每天下班回家，上了楼就不再下楼，一头钻进焊接理论书籍中，常常研读到深夜。在同事们看来，艾爱国在焊接过程中分毫不差，这个人简直是"特殊材料做的"。

艾爱国最擅长的是焊紫铜，这是让很多焊工都望而却步的领域。为焊接一个地方要把整个铜件加热到七八百摄氏度，人很难接近。"焊紫铜的时候头发紧贴头皮、皮肤绷紧，手会不自觉地颤抖。不知道自己能坚持到第几秒，手也会因为高温出现一片片的红色水泡，可以说，对心理和肉体都是一种煎熬。"全国五一劳动奖章获得者、艾爱国的徒弟欧勇说，"面对这样的身体极限，人的本能是逃避，而师父是勇于面对。"

1983 年，冶金工业部组织联合研制新型贯流式高炉风口。如何将风口的锻造紫铜与铸造紫铜牢固地焊接在一起，是项目的一大瓶颈。所有材料的焊接中，紫铜焊接难度很高，难在大构件焊接温度不容易掌握。

年轻的艾爱国找到上级，希望能试试。领导很爽快地同意了。通过查找资料，艾爱国大胆提出当时在国内还未普及的"手工氩弧焊接法"设想，并撰写了一套焊接工艺方案。风口焊接攻关组迅速组建起来，艾爱国是主操作手。攻关近一年，反复试验百来次，越试越成功，艾爱国颇为得意："这项目也不是太难嘛，上正式的！"

正式焊接那天，艾爱国早早为高炉风口预热，显得信心十足。站在高温高炉旁，艾爱国足足焊了 6 个多小时，毛衣毛裤湿透了，怎么也焊不成型。艾爱国并不气馁，脑子里反复回想着上午的操作流程，静静分析起失败的原因。突然，他认识到，新风口比试验的风口大，面积大散热快，应该是温度的原因；焊丝也需再作调整……于是，艾爱国连夜给课题攻关组负责人写了一份报告，分析失败原因，请求再给一次机会。

后来，冶金工业部再次批准湘钢进行试验。艾爱国等人重整旗鼓，开始加温，500 摄氏度、600 摄氏度、700 摄氏度……不够，再加！直加到 850 摄氏度，添加焊丝，眼前的铜件软化下来。艾爱国用石棉板挡住加热的火焰，戴上石棉手套，用 2 个多小时完成了高炉新型风口的焊接工作，获得成功！

2. "发动机焊接第一人"高凤林

高凤林被称为"发动机焊接第一人"，是一个令人佩服的优秀人物，因为他焊接的并不是普通的机械和器材，而是从事火箭焊接，有时甚至是焊接东风导弹。

焊接这个手艺看似简单，但在航天领域，每一个焊接点的位置、角度、轻重，都需要经过缜密的思考。为了确保焊接产品质量，高凤林不断练习基本功，吃饭时习惯拿筷子比画着焊接送丝的动作，喝水时习惯端着盛满水的缸子练稳定性，休息时举着铁块练耐力，更曾冒着高温观察铁水的流动规律，日积月累地积攒着过硬的技能，为产品质量奠定了坚实的基础。

20 世纪 90 年代，为我国主力火箭"长三甲"系列运载火箭设计的新型大推力氢氧发动机，其大喷管的焊接曾一度成为研制瓶颈。火箭大喷管的形状有点像牵牛花的喇叭口，是复杂的变截面螺旋管束式，延伸段由 248 根壁厚只有 0.33 毫米的细方管通过工人手工焊接而成。全部焊缝长达近 900 米，管壁比一张纸还薄，焊枪停留 0.1 秒就有可能把管子烧穿或者焊漏，一旦出现这种情况，不但大喷管面临报废，损失金额高达百万元，而且影响火箭研制进度和发射日期。高凤林和同事经过不断摸索，凭借着高超的技艺攻克了烧穿和焊漏两大难关。保证了这一新型号大推力发动机的成功应用，使中国火箭的运载能力得到了大幅提升。

高凤林在 30 多年的焊接生涯中，接连为国家克服了 200 多个技术难关，累计焊接 90 多个飞机发动机，焊接技术可以说是炉火纯青，为国家的火箭事业作出了很大的贡献。高凤林先后参与北斗导航、嫦娥探月、载人航天等国家重点工程以及"长征五号"新一代运载火箭的研制工作，一次次攻克发动机喷管焊接技术世界级难关。高凤林说："岗位不同，作用不同，心中只要装着国家，什么岗位都光荣，有台前就有幕后。大国工匠，匠心筑梦，凭的是精益求精的工匠精神，追求的是民族认可的自豪感。"如今我国境内有 40% 的运载火箭都是高凤林亲自焊接的。有一家外国公司以 500 万的年薪和两套房为代价，请他出山做技术指导，高凤林却婉言拒绝，他坚决表示自己的能力只是为国家服务，绝对不会因为金钱离开祖国。

3. 港珠澳大桥"首席钳工"管延安

管延安 18 岁开始跟着师傅学习钳工，精通錾、削、钻、铰、攻、套、铆、磨、矫正、弯形等各门钳工工艺，对电器安装调试、设备维修也是得心应手。他先后参与了世界三大救生艇企业之一的青岛北海船厂、国内最大集装箱中转港前湾港等大型工程建设。20 多年来，他始终保持着学习的劲头和严谨的风格，用心做好每一件事。

2013 年，管延安作为中交港珠澳大桥岛隧工程 V 工区航修队钳工，负责沉管舾装和管内压载水系统安装等相关作业。港珠澳大桥连接珠海、澳门和香港，是迄今为止世界上最长、施工难度最大的跨海大桥。工程中最大的挑战就是在茫茫大海中央修建一条 5.6 千米的海底隧道，长度、规模、施工工艺都是我国首次尝试，因此即使是经验丰富的管延安也面临着全新的挑战。

考虑到地质条件和生态保护，港珠澳大桥海底隧道并没有采用传统的挖掘作业，而是用 33 节水泥沉管在海底一一对接而成。一根重量近八万吨的沉管要在四五十米的深海中与另一根对接，误差要以毫米计算，可以说是海底绣花。海底隧道完全封闭，大型机械无法进入，对接时只能依赖事先安装好的各种操作设备。

管延安所安装的设备中有一种截止阀，沉管对接时用于控制入水量，调节下沉速度，从而让两节隧道在深海中精准对接。在深海中操作，要做到设备不渗水不漏水，安装接缝处的间隙必须小于 1 毫米。1 毫米的间隙，根本无法用肉眼判断。第一次安装设备时，没想到模拟调试时，设备漏水了。这一次失败让管延安认识到，港珠澳大桥的活儿是一次全新的挑战，技术必须要更加精益求精。

要找到最佳感觉，需要耐心，更需要时间。管延安通过一次次拆卸练习，凭着"手感"创下了零缝隙的奇迹。为了找到这种"感觉"，他拧螺丝时从不戴手套，为的是有"手感"。经过数以万计次的重复磨炼，管延安练就了一项骄人的高精准绝技：左右手拧螺丝均实现误差不超过 1 毫米。在一次次操作中，他甚至还练就了"听感"，通过敲击螺丝，从金属碰撞发出的声音，判断装配是否合乎标准。

在参建港珠澳大桥的 5 年里，管延安和工友们先后完成了 33 节巨型沉管和6000 吨最终接头的舾装任务，做到手中拧过的 60 多万颗螺丝零失误，创造了中国工匠独有的技艺技法。管延安由此获得中国"深海钳工第一人"的美誉。

如今，港珠澳大桥建设圆满完成，回看整个沉管隧道施工，7 年建设历程、33 节巨型管节、2176 个日夜坚守……管延安他们肩扛"为国造桥"的使命，攻坚克难，打破国外技术垄断，连续鏖战 96 小时完成首节沉管安装，相继攻克深水深槽、强回淤、大径流等世界难题，创造了 1 年安装 10 节沉管的中国速度、最终接头最高对接偏差小于 1 毫米等海上施工奇迹，攀上了世界外海沉管隧道技术的巅峰。

4. 守护"蓝芯"三十载的乔素凯

2018 年度大国工匠人物颁奖典礼上，组委会送给乔素凯的颁奖词是：4 米长杆，26 年，56 000 步的零失误让人惊叹！是责任，是经验，更是他心里的"安全大于天"！

1992 年乔素凯从山西临汾电校毕业后，来到我国第一座百万千瓦级核电站——大亚湾核电站。作为中广核核电运营有限公司大修中心核燃料服务分部高级主任工程师、大修换料顾问，乔素凯负责核电站新燃料接收、大修堆芯换料、燃料组件检测与修复等所有与核燃料相关的工作。他带领的团队是国内唯——支核燃料组件特殊维修专业技术团队，全国一半以上核电机组的核燃料都由该团队来维护和维修。

在大亚湾核电站的最深处,有一个如大海般的蔚蓝色水池,水下4米深处是157组核燃料组件,每组核燃料组件有264根核燃料棒,令人谈之色变的核裂变反应就在这里发生。核燃料水池之所以是蓝色的,是因为它特别纯净,在光的折射下发出蓝色的光。核燃料棒被放置在含有硼酸的水池中,可以屏蔽其产生的辐射。这也就意味着,核燃料组件的修复也必须要在水下完成。因此,更换、修复核燃料组件是最难的工作。修复一组有缺陷的核燃料组件有400多道工序,其中有不可逆转的200多道工序是关键点操作。乔素凯使用的"神器"是一根4米的长杆。长杆共有7种,有拧螺钉用的、有松紧适配器的、有拆装上管座的、有测量高度的等,按具体情况分别使用。乔素凯做到了使用这个长杆完成水下精确值为3.7毫米的操作;面对核燃料棒包壳管0.53毫米的壁厚,他可以用自己的手感和经验保证核燃料抽出的过程完好无损。

核燃料相关工作都有一定的危险性,技术要求高、难度大,核燃料组件修复项目更是如此。而由于工作的特殊性,"核燃料无小事"成了乔素凯经常挂在嘴边的话,他也一直以"不允许毫厘之差"的高标准来要求自己和身边的同事。有一次,在核燃料组件修复过程中,当有缺陷的核燃料棒被拔出,插入实心替换棒时,这根棒的位置比其他棒的位置低了几毫米。当时有团队成员认为几毫米没问题,但乔素凯根据多年的经验判断,这个小小的偏差可能带来其他潜在的风险。"不行!必须返工!我们不能在核燃料组件上留下任何安全隐患,一次就必须把事情做好。"乔素凯坚定地给出意见。最终,在大家的反复试验下,将替换棒拉到了正常高度,成功修复了缺陷组件,保证了核燃料组件入堆后的安全运行。

多年来,正是怀着对核燃料的敬畏之心,乔素凯带领团队一直守护着核岛最深处的这方水池,完成了一个又一个艰难挑战。至今,他所在团队共为国内22台核电机组完成了一百多次核燃料装卸任务,创造了连续56 000步操作"零"失误的纪录,实现了燃料操作"零"失误及换料设备"零"缺陷,堪称守护核安全的典范。

📖 二、 思政要点解析

新时代的工匠精神蕴含着世界工业格局深度变革和中国制造强国战略转型的新特征。工匠精神从根本上说是一种职业精神，是职业道德、职业能力、职业品质的体现，是从业者的一种职业价值取向和行为表现。工匠精神，从思想层面来讲，可以理解为爱岗敬业、甘于奉献；从目标层次来讲，可以理解为精益求精、追求完美；从行为层次来讲，可以理解为开拓创新、坚持不懈。工匠精神对个人而言是自身职业价值实现的需要，对团队而言是战略发展和竞争的需要，对国家而言是产业转型升级、建设工程强国的需要。因此，当前提倡并且践行工匠精神，就是为中国制造强筋壮骨，为提升中国品牌固本培元。

工匠精神的基本内涵包括敬业、精益、专注、创新等方面的内容。爱岗敬业、务实求精是工匠们成就精彩人生的主要法宝。因为爱岗敬业，他们才能默默坚守着自己所热爱的岗位，追求完美和极致。因为务实求精才能沉得下心来，耐得住寂寞，专注干好本职工作。尽管从事的都是普普通通的工作，但需要有极致的耐心，实现对产品和工艺极致的追求。正是以艾爱国、高凤林、管延安、乔素凯为代表的工匠们对工作的耐心细致、精益求精，手中的产品才能绽放出璀璨的光彩。在当前新一轮科技革命与产业变革的浪潮中，我们不仅要汲取和传承中华优秀传统文化，学习和借鉴工业发达国家先进经验，也要挖掘和弘扬新中国工业建设者们体现的敬业精神，以足够的自信心和自豪感，建立符合时代特征的工匠精神。

青年强，则国家强。大学生是未来高尖端行业的中流砥柱，无论是现在还是将来，无论是学习还是实践，都应努力培养工匠精神。首先，大学里既然选择了自己喜爱的专业，那就将它学到极致。学习必须有正确的态度和科学的方法，勇敢地攻坚克难，尽全力学好所学事物。其次，学习必须要专注。知识是永无止境的，要发挥精益求精的工匠精神，勤于学习、勤于重复、勤于洞察，坚持把每一件平凡的事做好。最后，要加强工程伦理素质的培养。提升道德品质与精神境界，具有职业敬畏感和社会责任心，成为新一代有德行、有技术、有良知的工程技术人员。

参 考 文 献

[1] 佚名 . 曲高和寡乎？——卡诺热机理论为什么长期被忽视 [J]. 语文新圃，2004 (10)：15 - 17.

[2] 刘方新，李宗民 . 热质说与早期热力学 [J]. 物理，1992 (03)：186 - 191.

[3] 宋德生 . 卡诺及卡诺热机理论的创立 [J]. 物理教师，1986 (05)：46 - 49.

[4] 高蓬辉，张东海，冯伟，等 . 将基础数学物理知识融入"工程热力学"教学中的探索 [J]. 中国电力教育，2013 (22)：87 - 88.

[5] 梁衡 . 数理化通俗演义 [M]. 北京：北京师范大学出版社，1997.

[6] 马立强 . 夜校生发明了世界第一列火车 [J]. 科学大众（中学版），2007 (12)：8 - 10.

[7] 划时代的发明——瓦特蒸汽机 [J]. 党的建设，2010 (03)：50.

[8] 王渝生 . 瓦特·水壶·蒸汽机 [J]. 科技导报，2008 (05)：98.

[9] 韩玉德，安维复 . 试论詹姆斯·瓦特的工匠精神 [J]. 自然辩证法研究，2021，37 (01)：34 - 39.

[10] 魏励勇，贺焕然 . 国外内燃机早期发展简史 [J]. 内燃机，1986 (01)：36 - 37.

[11] 文义 . 奥托和内燃机的发明 [J]. 知识就是力量，2004 (09)：74 - 75.

[12] 史宗庄 . 奥托及其发动机的发明 [J]. 内燃机，1985 (03)：18 - 21.

[13] 李志毅 . 汽车发动机史话 [J]. 北京汽车，1997 (04)：28 - 31.

[14] 杨桂珍 . 柴油发动机的发明者狄塞尔 [J]. 发明与革新，1999 (02)：3 - 5.

[15] 侯玉堂 . 柴油机发明人鲁道夫·狄塞尔 [J]. 内燃机，1985 (01)：14 - 18.

[16] 袁野 . 徐寿：中国近代科技第一人 [J]. 同舟共进，2022，(01)：34 - 37.

[17] 赵敏 . 徐寿与中国近代造船业 [J]. 中国中小企业，2012 (08)：58 - 61.

[18] 王治浩，杨根 . 格致书院与《格致汇编》——纪念徐寿逝世一百周年 [J]. 中国科技史杂志，1984 (2)：6.

[19] 徐振亚 . 徐寿父子对中国近代化学的贡献 [J]. 大学化学，2000，15 (1)：58 - 62.

[20] 詹圣泽，连俊宏 . 詹天佑：中华民族的海归榜样与大国工匠的精神典范 [J]. 科技导报，2021，39 (15)：142 - 148.

[21] 萧西之水 . 铁路巨擘詹天佑 [J]. 同舟共进，2022，403 (01)：66 - 69.

[22] 常晶. 工匠精神：迈向制造强国的蓬勃动力 [N]. 中国青年报，2021 - 09 - 28（3）.

[23] 简宁. 冯如：中国航空之父 [N]. 光明日报，2009 - 06 - 12（11）.

[24] 马健，张学义. 中国航空百年沉思——"冯如精神"的当代意义及启示 [J]. 国防科技，2009，30（4）：1 - 4.

[25] 沈淦. 中国航空之父冯如 [J]. 文史天地，2013（8）：25 - 28.

[26] 大国工匠艾爱国：当工人就要当一个好工人 [J]. 工会博览，2022（09）：45 - 47.

[27] 胡雅南. 做国家需要的好工人——记"七一勋章"获得者艾爱国 [J]. 新湘评论，2021（14）：47 - 48.

[28] 孙庆. 高凤林：火箭"心脏"焊接人 [J]. 中华儿女，2016（11）：48 - 49.

[29] 管延安：从"超级工程"走出来的"大国工匠" [J]. 中国质量，2019（09）：14 - 16.

[30] 李莉，孙轶琼. 乔素凯：一个大国工匠的"硬核"传奇 [J]. 科学之友（上半月），2020（05）：34 - 37.

[31] 因为选择，所以坚守——记"中广核工匠"乔素凯 [J]. 中国产经，2019（06）：91 - 93.

[32] 钱广. 工匠精神应融入高校新工科工程伦理教育 [J]. 西南石油大学学报（社会科学版），2022，24（03）：97 - 103.

146

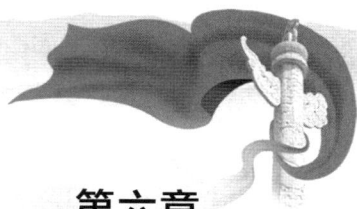

第六章

科 学 精 神

中华民族绵延五千多年的文明，系统构筑了农、医、天、算等领域的知识体系，创造了闻名于世的科技成果。近代以来，一大批仁人志士积极倡导科学精神，践行科学救国理想。新中国成立以来特别是改革开放以来，随着经济建设的蓬勃发展，我国科学技术水平得到长足提高，科学精神受到广泛关注。

科学精神是科学的灵魂，科学家是科学精神的人格象征。自工业革命开始，科学与工业日益结合，一代又一代的科学家以追求客观真理为目标，自由探索、理性质疑、执着求新，展示了科学精神的引领作用。本章回顾了近代以来世界能源基础科学发展的几段历史故事，我们从中可以深刻感受科学精神的丰富内涵，即客观、严谨和理性精神，求实、求真和实证精神，怀疑、批判和创新精神，锲而不舍的探索精神，尊重、宽容和协作精神。

科学精神的树立必须经过有目的、有意识的培养和教育。当代大学生们应该通过课堂学习和自主学习，理解自然科学发展的基本规律，增加自然科学的学识，锻炼理性思维能力，激发学习兴趣和创新精神，以科学精神提高创新能力。要在实践学习中努力将科学精神与科研能力相结合，提高自己正确认识问题、分析问题和解决问题的能力。注重科学思维方法的训练和科学伦理的教育，强化追求科学知识、探索科学真理、勇攀科学高峰的责任感和使命感。

案例 6-1 否定错误的 "热质说"

一、案例内容

1. "热质说" 盛行的年代

古人将光焰、火和热三者模糊地等同看待。古希腊的四元素（水、土、气、火）中 "火" 是其中一种物质元素，古代中国的五行说（金、木、水、火、土）亦将 "火" 列为其一。古希腊的德谟克利特和伊壁鸠鲁最早提出 "热质说" 的思想。按照这个理论，热质无质量，既不创生也不消灭，保持总量守恒；物体内所含热质的多少，决定物体温度的高低。"热质说" 能解释当时遇到的一些简单热现象。例如，两种不同温度的物质混合后能达到同一温度，是交换热质的结果；热传导是来自热质的流动。古代也有少数智者认为热是一种运动。《庄子·外物篇》和《淮南子·原道训》都认为，发热燃烧是由摩擦运动所产生的，所谓 "木与木相摩则燃"。英国培根、玻意耳和牛顿等人也曾经从经验事实中得到热是微细粒子的扰动或振动的结果。

近代，英国化学物理学家约瑟夫·布莱克是 "热质说" 的代表人物，认为热是一种被称作热质的物质流体。他在 1762 年先后提出关于熔化和蒸发的潜热理论以及热容量的概念，热质在这些概念中起着重要作用。"热质说" 在法国化学家安托万·洛朗·拉瓦锡用实验推翻 "燃素说" 后开始盛行。1780 年，拉瓦锡精确测定冰融解时的热容量，从而破除了 "燃素说"，但他却将热质列入其元素表中。他还将热质分为 "自由" 和 "束缚" 两种，前者可以从一个物体移向另一物体，成为各种热现象的假想载体；后者被束缚于物质分子上。"热质说" 从此成为一个完整学说。大多数物理学家和化学家认为热质是一种无质量的独立的流体，可以穿过固体或液体的孔隙中，热质粒子在互动中产生排斥现象，以此解释热从发热物体向冷物体的流动，并说明热的某些耗散现象。

直到 18 世纪"热质说"在物理学界一直占着统治地位，拉瓦锡和拉普拉斯等人认为，热是由渗透到物体当中的所谓热质构成的；拉瓦锡甚至把热质列入化学元素表中。"热质说"之所以占统治地位是有其历史原因的：一则 18 世纪是对各种物理现象分门别类地进行研究的时期，人们把热现象与其他物理现象孤立起来加以研究，尚未注意到它们之间相互联系和转化的关系；二是因为"热质说"能够简易地解释当时发现的大部分热学现象。在"热质说"观点的指导下，瓦特还改进了蒸汽机。

2. 伦福德和戴维的实验

在批判"热质说"的过程中，科学家们开展了大量的理论和实验探索。1746—1748 年俄国人罗蒙诺索夫在他的论文《关于热和冷的原因的思索》和《试论空气的弹力》中，提出热的充分根源在于运动，但并未受到重视。随后，英国人本杰明·汤姆森（伦福特伯爵）的钻炮筒大量发热实验和汉弗里·戴维的冰块摩擦生热融化实验起了关键作用，确认了热来源于物体本身内部的运动，开辟了探求导热规律的途径。

早在 1778—1781 年，年轻的伦福特在从事火药性能研究时就对热的本性产生了疑问。经过多次亲自试验，他发现如果不装炮弹而使火药引火，则炮身比装炮弹时变得更热一些，他认为这是由于火药的作用，引起炮身金属粒子激烈运动，从而产生了热。1785 年，他试图通过实验寻找热质的重量，结果一无所获，于是他更加强烈地反对"热质说"。不仅如此，他还分别设计和完成了热的膨胀和传导、辐射和反射以及物态转变等方面的实验，得到了与"热质说"相违背或者"热质说"不能合理解释的结果。

1798 年，伦福特在慕尼黑监督炮筒钻孔工作时，发现用钢钻给铜炮身钻孔时产生了大量的热，使炮身钻孔处温度很高。热质论者对此的解释是：因为铜屑和铜炮身的比热容大不相同，因而铜屑脱落下来时，把热量给了炮身，使炮身温度提高。伦福特进行了一系列"炮身钻孔实验"，比较了钻孔前后金属和铜屑的比热容，发现金属的比热容没有改变。他还用很钝的钻头钻炮筒，半小时后炮筒升高了 70℃，落下的铜屑只有 50 多克，相当于炮筒质量的 1/950，显然这一小部分铜屑不可能放出这么大的热。于是，伦福特作出结论："这些实验所产生的热，不是来自金属的潜热或综合热质。在这些实验中，由摩擦生热的源泉看来是无穷尽的。在这些实验中被激出来的热，除了把它看作运动以外，似乎很难把它看作其他任何东西。"

1799 年伦福特回到英国，向英国皇家学院提出上述报告。虽然"热质说"的统治地位开始动摇，但热质论者仍辩解说："伦福特实验中的热是从周围环境的'热质海洋'中吸收来的。"学院的青年讲师戴维当时只有 21 岁，他设计了一个更加严格的实验以支持伦福特的观点。他在《论热、光和光的复合》论文中描述了一个实验：他把两块 −1.7℃ 的冰，各固定在用时钟的传动机构改制的装置上，并用玻璃钟罩罩住冰块，又将罩内抽成真空。在传动装置的带动下，两块冰不断摩擦。在低于 −1.7℃ 的环境温度下，两块冰经摩擦后慢慢融化了，而且融化后水的温度能上升至 1.7℃。于是，他作出结论：摩擦引起了物体微粒的振动，而这种振动就是热。他主张"热现象的直接原因是运动，它的交换定律恰如运动交换定律一样"。

英国物理学家伦福特和戴维的实验彻底否定了"热质说"，进而建立新的理论，推动热科学的发展。

二、思政要点解析

在热科学的发展中，有许多科学精神的例子，其中最根本的就是怀疑和反思。没有怀疑，就不会有科学问题；没有反思，就不会有科学进步。怀疑并非单纯的否定，而是对任何事物都要多问"为什么"，是不断探寻根据的精神。《论语·学而》说道："曾子曰：'吾日三省吾身。'"宋代朱熹《集注》写道："曾子以此三者日省其身，有则改之，无则加勉，其自治诚切如此，可谓得为学之本矣。"而所谓反思，就是对思想观念、思想体系以及它所带来的现实进行思考。反思通过追问

"如何这样"来审视某一思想理论及其现实是否合理。反思精神就是追求合理性的精神。科学的历史事实表明，正是怀疑精神和反思精神，不断激励着科学向前迈进。

热是什么？自古以来就有许多不同的看法，后来逐渐形成两种截然相反的见解：一种认为热是自然界的独立的特殊的物质，另一种认为热是物质粒子运动的表现。1798—1799 年，伦福特和戴维的实验彻底摧毁了"热质说"，并为物理学的发展开辟了道路。他们的研究引起了焦耳及其他科学家的兴趣，进而进行了相关的研究，到 19 世纪末彻底否定了"热质说"。爱因斯坦曾言："用来描述热现象的最基本的概念是温度和热，在科学史上经过了非常长的时间才把这两个概念区别开来，但是一经辨别清楚，就使得科学得到了飞速的发展。"从形形色色的"永动机"到热力学基本定律；从"热质说"到"潜热说"，再到"分子热运动"理论。传热学仍然在发展，在课堂教学中通过引入传热学的发展历史，加深对马克思主义唯物辩证法的认识，而发展是前进的上升的运动，发展的实质是新事物的产生和旧事物的灭亡。在专业课程的学习中，联系、应用唯物辩证法，要注重解放思想、启迪思维，促进科学素养的培养。

案例 6-2　发现能量守恒与转化定律

一、案例内容

能量转化无处不在。太阳是我们所处太阳系的核心，在太阳的内部就发生着核聚变，这个过程中原子能被转化为光能，为我们的地球提供了基本的生存条件。当光到达地球之后，它会通过光合作用被植物所吸收，光能就转化为化学能。人类又通过食物，把化学能转化为我们身体维持基本的生命运动所需要的热能。人们日常生活中也都是使用相应形式的能量——比如化学、电能、机械能、热能等。

要想定量地表述能量转化的关系，就需要科学理论的解释，也就是我们知道的热力学第一定律。卡诺是历史上最早思考热功当量的人，他基于对蒸汽的研究已经认识到了热量以及热和机械能之间的转换关系，并获得了关于机械能和热量之间的定量关系——当然并不是特别精确。但由于卡诺英年早逝，他的工作没有引起很多人的关注。直到 19 世纪中期，该定律经过迈尔、焦耳、赫姆霍兹等多位物理学家分别验证，最终以科学定律的形式确定了热功当量，确认热是物质运动的一种形式，"热质说"也被彻底否定。

1. 迈尔的观察与思辨

1840 年迈尔（见图 6-1）作为一名随船医生到达印尼爪哇岛。他发现在热带地区生病水手的静脉血和动脉血一样，都呈现为鲜红色；但是当他回到欧洲之后又发现静脉血变回了暗红色。我们知道，静脉血和动脉血之间的颜色区别，是因为血液氧化程度的不同造成的。于是，迈尔就开始思考为什么不同地区静脉血的颜色会不同？进一步思考：人的血液之所以是红的是因为里面含有氧，氧在人体内消耗而产生热量，维持人的体温。这里天气炎热，人要维持体温不需要消耗那么多氧了，所以静脉里的血仍然是鲜红色。那么，人身上的热量到底是从哪里来的？心脏的运动不可能产生如此多的热来维持人的体温，那体温是靠全身血肉维持的了，而这需要人不断地吃食物来维持。食物归根到底是由植物而来，植物是靠太阳的光热而生长的。太阳的光热呢？迈尔越想越多，最后归结到一点：能量之间是存在转化（转移）的。

迈尔又意识到在马拉车行进的过程中，车轴以及车轮和地面的摩擦过程会生热，也可能是由马拉车的做功所产生的。于是，迈尔产生了热能和机械能之间转换的认识。他甚至为此设计了一个实验：用一个很大的锅，在锅里面放入纸浆，然后用马拉机械装置来搅拌纸浆，通过测量纸浆的温度来估计机械能和热能之间的转换关系，并由此粗略地得到了热功当量的数值。

1842 年，迈尔将这些思考整理成文章《论热的量和质的测定》寄给《物理学与化学》杂志社，他以比较抽象的推理方法提出了能量守恒与转化原理。由于缺乏严密的科学论证，这家杂志选择了拒绝发表。迈尔很快发现这篇论文的缺陷，

图 6-1　德国物理学家迈尔（1814—1878）

决心进一步学习物理学和数学，在此基础上，他又写出了《论无机界的力》，在《化学与药学杂志》上发表了。他说："力（能量）是原因，因此，我们可以在有关力（能量）的方面，充分应用因等于果的原则……我们可以说，因是数量上不可毁的和质量上可变换的存在物……所以，力（能量）是不可毁的、可变换的、不可称量的存在物。"文章虽然被刊登了，但没有引起注意。人们认为它是属于缺乏比较好的实验依据的思辨性文章。

此后，迈尔又写了几篇文章，继续阐述他的能量守恒和转化原理。迈尔将他的想法进一步扩展，认为自然界的各种"力"之间都可以相互转换，并且在转换的过程中"力"本身是守恒的（即自然界的"力"在相互转换过程中保持守恒）。在那个时候人们只知道有五种"力"，实际上就是我们今天所说的能量。迈尔的这些想法一直没有得到承认，一直到了晚年才被大家所认可。他也终于因为自己的工作得到了应得的荣誉，1871 年他被英国皇家学会授予科普利奖章。

2. 焦耳的精密实验

英国物理学家焦耳（见图 6-2）是第一个针对能量守恒定律在实验上作出精确测量的人。他与迈尔几乎同时提出能量守恒原理。1818 年焦耳生于英国兰开夏尔，是一位富有的啤酒酿造商的儿子，幼年时因身体不好，一心在家里念书。焦耳从小就对实验着迷，而且特别热衷于精密的测量工作。父亲支持他进行科学研究，在家里为他建了一个实验室。1833 年，父亲退休，焦耳不得不经营他家的啤酒厂，但在业余时间，他继续进行关于热量和机械功的测定工作。

图 6-2　英国物理学家焦耳（1818—1889）

1840 年，焦耳测量电流通过电阻线所放出的热量，得出了焦耳定律：导体在单位时间内放出的热量与电路的电阻成正比，与电流强度的平方成正比。焦耳定律给出了电能向热能转化的定量关系，为发现普遍的能量守恒和转化原理打下了基础。

1843 年，焦耳用手摇发电机发电，将电流通入线圈中，线圈又放在水中以测量所产生的热量。结果发现，热量与电流的平方成正比。这个实验显示了机械做功如何转变为电能，最后转变为热的全过程。在此实验的基础上，焦耳进一步测定了机械功的量，从而第一次给出了热功当量的数值，即每千卡热量相当于 460 千克·米的功。此后，焦耳又以多种方式测定热功当量。1845 年，他设计了气体膨胀实验，测得热功当量为每千卡热量相当于 436 千克·米的功。1847 年，焦耳设计了在一个绝热容器中用叶轮搅动水的方法，更精确地测定了热功当量。正是因为焦耳做了这么多的工作，所以我们今天把功的单位就称为焦耳，用来纪念这位伟大的科学家。今天我们热功当量的数值是1卡，等于4.184焦耳。

焦耳的划时代的工作也没有引起应有的注意。这也许因为他只是一位业余的实验爱好者，英国皇家学会拒绝发表他早期的两篇论文。他关于热功当量测定的论文只得在一家报纸上全文发表。1847年，在英国科学促进会的年会上，焦耳希望报告一下他正在做的测量热功当量的实验，会议主席只允许他作简短的口头描述。报告完后，席间有一位青年站起来反驳焦耳道："胡说，热是一种物质，是热素，它与功毫无关系。"这位青年就是当时23岁的威廉·汤姆逊，后来以开尔文勋爵著称的英国著名物理学家。焦耳冷静地回答道："热不能做功，那蒸汽机的活塞为什么会动？能量要是不守恒，永动机为什么总也造不成？"焦耳平淡的几句话顿时使全场鸦雀无声。会后，汤姆逊开始认真思考，他自己开始做试验、找资料，终于意识到自己的错误。于是，汤姆逊专程去拜访了焦耳，并且取得了他的原谅。后来，在汤姆逊的帮助下，焦耳完成了关于能量守恒与转化定律的精确表述，到1850年左右以焦耳实验为基础的能量守恒原理开始得到科学界的广泛认同。

3. 赫姆霍兹的理论洞察

第三个是德国物理学家赫姆霍兹（见图6-3），他走了和迈尔、焦耳两人不同的路线。赫姆霍兹本身是一个医生，他有非常好的数学和物理基础，所以他在牛顿力学的框架下来研究一个孤立体系内动能和势能之间的守恒。赫姆霍兹发现在这样一个力学体系里存在机械能的守恒，他将这个发现进一步地推广到整个宇宙，认为宇宙中的各种能量的转化之间也应该存在转换和守恒的关系。

1847年，赫姆霍兹在柏林物理学会上作了题为《论力之守恒》的演讲，对能量守恒定律的普适性作了第一次最充分明确的阐述。会议之后，赫姆霍兹把论文寄给了德国顶级期刊《物理年鉴》，希望能够发表。但杂志主编认为该论文过多地使用数学方法把理论与实验物理结合起来，尽管论文结论看起来重要，但实验结果不够充分，决定拒稿，建议作者可以考虑将论文以单行本印刷方式出版。年轻的赫姆霍兹当时感到很气馁。1847年，在朋友的支持和鼓励下，赫姆霍兹的第一本小册子《论力之守恒》在当年正式出版。他系统、严密地阐述了能量守恒原理。

图 6 - 3　德国物理学家赫姆霍兹（1821—1894）

首先，他用数学化形式表述了在孤立系统中机械能的守恒。接着，他把能量的概念推广到热学、电磁学、天文学和生理学领域，提出能量的各种形式相互转化和守恒的思想。他的理论在科学界引起了回响，让能量守恒原理得到了公认。今天，该书已经成为经典，其中文译本名为《能之不灭》。

赫姆霍兹的另外一个非常重要的贡献，就是他将能量守恒与所谓的永动机给联系了起来。我们知道从古代到现在，一直有人梦想着制造一种机器，这种机器可以不用输入能量，但是它可以源源不断地对外做功，这就叫作第一类永动机。达·芬奇也曾设计了自己的永动机，但是通过实验他敏锐地得出结论：永动机是不可能实现的。在能量守恒定律建立起来之后，我们从理论上能解释这样一种机器是不可能存在的。赫姆霍兹写道："鉴于前人所有试验的失败，人们不会再询问'我如何能够利用各种自然力之间已知和未知的关系来创造一种永恒的运动'，而将会试问'既然永恒的运动是不可能的，在各种自然力之间应该存在着什么样的联系'？"

二、思政要点解析

能量守恒定律是 19 世纪自然科学的三大发现之一，也是人们认识自然和利用自然的有力武器。能量守恒原理揭示了自然科学各个分支之间惊人的普遍联系，在科学上占据着非常独特的地位。从迈尔、焦耳、赫姆霍兹发现能量守恒与转化定律的过程中，我们可以学习到批判精神。科学精神的本质内涵是实事求是，尊重基本事实和基本逻辑，批判和质疑则是科学精神的必然要求。只要自己不相信他人的观点或理论，就可以开展批判和质疑。批判和质疑仅仅只是一种否定他人的行为，它并没有天然的正当性或正确性。显然，如果把随意甚至恶意批判或质疑他人标榜为科学精神，那无疑是对科学精神的亵渎。什么是批判和质疑的科学精神？那就是尊重客观事实，尊重客观规律，而不是尊重专家尊重权威。亚里士多德曾说"吾爱吾师，吾更爱真理"，这就是实事求是的科学精神。青年学子应学习这种科学精神，当发现专家或权威的理论不符合客观事实和客观规律的时候，不应碍于专家或权威的面子或屈从于他们的势力而让科学蒙羞。为了科学真理而发起质疑甚至批判，这就表现为批判和质疑精神，对于科学发展而言不可或缺。

1860 年后，能量守恒定律很快成为全部自然科学的基石。特别是在物理学中，每一种新的理论首先要检验它是否跟能量守恒定理相符合。但在当时，定理的发现者们还只是着重从量的守恒上去概括定律的名称，而没强调运动的转换。1875 年左右，这一理论逐步形成了准确而完善的表述——能量守恒与转化定律。

能量守恒与转化定律反映了人类认识这一自然规律的历程，逐渐变得深刻、接近客观真理。人类也正是这样一步一步地认识物质世界。能量的转换和守恒定律至今仍然是力学乃至整个自然科学的重要定律。不过它仍然会发展。1905 年，爱因斯坦发表了阐述狭义相对论的著名论文《关于光的产生和转化的一个启发性的观点》，揭示了质能守恒定律，即在一个孤立系统内，所有粒子的相对论动能与静能之和在相互作用过程中保持不变。爱因斯坦著名的质能方程（$E=mc^2$）反映了质量与能量之间的联系，指导人们认识核反应的规律，并为人类获得核能提供了理论基础。

案例 6-3 一首数学的诗——《热的解析理论》

📖 一、案例内容

19 世纪初，力学已经发展到了一个较为完善的阶段，欧拉和拉格朗日引入了更多数学方法使得矢量力学发展成为分析力学，并得到了适用于广义坐标和广义力的拉格朗日方程，力学研究的范围大大扩展了。但与此同时，热学和电学等现象的研究仍然游离于数学方法之外，一方面由于其本质尚未被人类透彻了解，另一方面表达其物理过程的数学模型较为复杂。对于热学来说，直到"热质说"被否定之后，科学家们才开始将数学方法引入到热学研究中，其中影响最深远的是法国数学家、物理学家让·巴普蒂斯·约瑟夫·傅里叶（见图 6-4）。

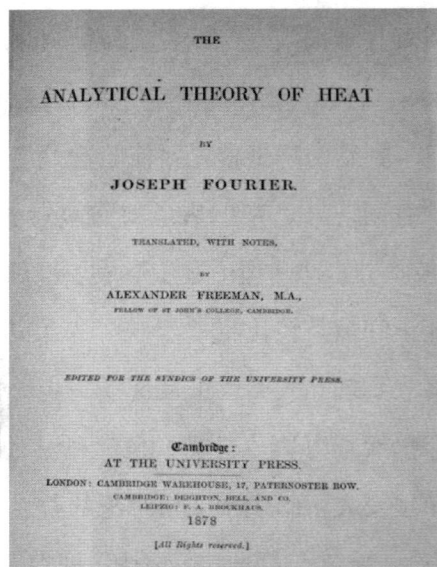

图 6-4　法国数学家、物理学家傅里叶（1768—1830）与《热的解析理论》

　　傅里叶 1768 年出生于法国欧塞尔，虽然一生坎坷，但从未阻断他对科学探索的兴趣和热爱。傅里叶 9 岁时，双亲亡故，他变成一个孤儿，被当地的一个主教收养。1780 年，他被教会送入镇上的军校就读，表现出对数学的特殊爱好。后来，他希望到巴黎在更优越的环境下追求他感兴趣的研究，可是法国大革命中断了他的计划。无奈之下，他于 1789 年回到家乡欧塞尔的母校执教。1795 年，当巴黎综合工科学校成立时，傅里叶被任命为助教，协助拉格朗日和蒙日从事数学教学工作。1798 年，蒙日选派他跟随拿破仑远征埃及。在开罗，傅里叶担任埃及研究院的秘书并从事许多外交活动，但同时他仍不断地进行个人的业余研究，即数学、物理方面的研究。此后，傅里叶几经宦海浮沉，1815 年，他终于在拿破仑百日王朝的末期辞去爵位和官职，毅然返回巴黎以图全力投入学术研究。但是，失业、贫困以及政治名声的落潮，使这时的傅里叶处于一生中最艰难的时期。由于得到昔日同事和学生的关怀，他谋得统计局主管之职，工作不繁重，所入足以为生，使他能够继续从事研究。傅里叶于 1817 年就职于巴黎科学院，1822 年被选为巴黎科学院的终身秘书，1827 年他又被选为法兰西学院院士，还被英国皇家学会选为外国会员。

　　19 世纪初，德国人兰贝特、法国人毕奥和傅里叶分别从固体一维导热实验入手，开始了热传递理论的探索。虽然毕奥比傅里叶年轻，但他比傅里叶更早对导热进行研究。1804 年，毕奥根据平壁导热的实验，提出了导热量正比于两侧温差、反比于壁厚的概念，比例系数是材料的物理性质。这个公式提高了对导热规律的认识，只是还比较粗糙。傅里叶读到毕奥的论文后，开始了相关实验研究，同时十分重视数学工具的运用。他从理论解与实验的对比中不断完善他的理论公式，取得了令人瞩目的进展。1807 年，他提出了求解场微分方程的分离变量法和可以将解表示成一系列任意函数的概念，并写成关于热传导的基本论文《热的传播》，向巴黎科学院呈交，但经拉格朗日、拉普拉斯和勒让德审阅后被巴黎科学院拒绝。

　　为了推动对热扩散问题的研究，法国科学院于 1810 年悬赏征求论文。傅里叶对其 1807 年的文章加以修改，并再次提交，题目是《热在固体中的运动理论》。

这篇论文在竞争中获胜，傅里叶获得巴黎科学院颁发的奖金。但是评委仍从文章的严格性和普遍性上给予了批评，以致这篇论文又未能正式发表。

傅里叶并未放弃，他决心将这篇论文的数学部分扩充成为一本书。1822 年，傅里叶终于出版了专著《热的解析理论》，成功地完成了创建导热理论的任务，推导出著名的热传导方程，并在求解该方程时发现求解函数可以由三角函数构成的级数形式表示，从而提出任一函数都可以展成三角函数的无穷级数。他提出的导热定律正确概括了导热实验的结果，现称为傅里叶定律，奠定了导热理论的基础。这部经典著作将欧拉、伯努利等人在一些特殊情形下应用的三角级数方法发展成内容丰富的一般理论，傅里叶级数（即三角级数）、傅里叶分析等理论均由此创始。傅里叶应用三角级数求解热传导方程，为了处理无穷区域的热传导问题又导出了当前所称的"傅里叶积分"，这一切都极大地推动了偏微分方程边值问题的研究。

傅里叶的科学成就主要在于他对热传导问题的研究，以及他为解释这一问题创立的一套数学理论。他的工作也迫使人们对函数概念进行修正、推广，特别是引起了对不连续函数的探讨，三角级数收敛性问题更刺激了集合论的诞生。因此，《热的解析理论》影响了整个 19 世纪分析严格化的进程。《热的解析理论》一书不仅科学意义巨大，而且写作也行云流水般流畅，麦克斯韦更是赞美其为"一首数学的诗"。

傅里叶由于对传热理论的贡献于 1817 年当选为巴黎科学院院士。他对热现象的研究并没有随着《热的解析理论》一书的出版而停止，这位科学家又对大气的热现象产生了浓厚的兴趣，并使他成为大气层保温效应的发现者。在阅读了洪堡的《论等温线的温度报告》后，傅里叶计算出，如果物体的体积达到地球的大小，以及到太阳的距离和地球一样，在只考虑入射太阳辐射的热效应时，它的温度应该比地球实际温度更低。傅里叶猜测，是星际辐射或地球大气层的隔热作用使得地球保持了现在的温度。他原计划将他对热的相关物理研究也扩充成一本《热的物理理论》的书，这或许能对《热的解析理论》中未能充分讨论的热的动力效应进行解释，也或许能改写大气热力学和动力学的发展历史。然而傅里叶于 1830 年溘然长逝，本书最终未能完成，在科学史上留下了永恒的遗憾。

二、思政要点解析

19 世纪初，法国著名数学家、物理学家傅里叶推出了导热微分方程，这是导热问题正确的数学描写，给出了求解大多数工程导热问题的基本理论。这个名字相信一定是理工科大学生"恐惧"排行榜。没错，在我们的课程学习中经常会出现"傅里叶"这三个字——傅里叶变换、傅里叶积分、傅里叶级数、傅里叶分析、傅里叶导热定律，这些都体现了傅里叶在数学和物理学中的重要地位。

科学就是探求真理。在探求真理的过程中，人们对客观规律的认识往往要历经艰难曲折。常常有这样的情形：由于研究的角度不同，掌握资料的差异，认识方法的不同，就会出现"横看成岭侧成峰，远近高低各不同"的情况，以致引起学术上的争论。作为一名科技工作者，不盲从、不唯上、不唯书、只唯实，这是取得成功的重要条件。傅里叶在论文中运用正弦曲线来描述温度分布，并提出一个很有争议性的结论："任何连续周期信号可以由一组适当的正弦曲线组合而成。"但是拉格朗日坚持认为傅里叶的方法无法表示带有棱角的信号，如在方波中出现非连续变化斜率。最终，巴黎科学院拒绝了傅里叶的工作，不过在审查委员会给傅里叶的回信中，还是鼓励他继续钻研，并将研究结果严密化。究竟两位科学家谁对谁错呢？正弦曲线无法组合成一个带有棱角的信号，这句话拉格朗日是对的。但是，我们可以用正弦曲线来非常逼近地表示它，逼近到两种表示方法不存在能量差别，基于此傅里叶是对的。

本案例中著名的导热理论奠基人——傅里叶，他跌宕起伏的人生经历可以激励学生不畏困难、实现个人理想的信念。同时，强调唯物辩证法对认识热科学问题具有的重要推动作用。从唯物辩证法基本内涵的认识到解证思维习惯的养成，从具体物理现象的观察到抽象物理概念的推导，从理论知识的理解到工程实践的实施，在潜移默化中强调唯物辩证法在认识世界、改造世界中发挥的重要作用。

案例 6-4 探究世纪难题（上）：湍流的发现和描述

一、案例内容

"长濑湍流，溯江潭兮""九曲黄河万里沙，浪淘风簸自天涯"。在自然界中，我们常遇到流体的湍流现象。湍流微团不仅有横向脉动，还有相对于流体总运动的反向运动，因而流动轨迹极其紊乱，体现着非线性与不可测性。湍流无疑是物理学中最难而又久未解决的基础理论研究课题之一，从 1845 年纳维 - 斯托克斯方程建立至今已然跨越了两个世纪，是当之无愧的世纪难题。在过去的一百多年里，国际上许多著名的科学家都对湍流问题进行了长期的研究。

1. "N-S"双雄： 用数学语音描述黏性流动

1707 年，莱昂哈德·欧拉出生于瑞士巴塞尔，13 岁时就考入巴塞尔大学并成为数学家约翰·伯努利的学生，三年时间内连续获得本硕学位。而他的这个老师有一个儿子，正是数学物理方法奠基人、推导出著名的伯努利方程的丹尼尔·伯努利。1752 年，欧拉提出了理想流体（假设流体不可压缩，且其黏性可忽略）的运动理论基础，给出了反映质量守恒的连续性方程和反映动量变化规律的流体动力学方程。欧拉方程问世以后，吸引了无数的追随者。然而，人们很快就发现欧拉方程偏离实验结果，这主要是因为没有考虑到流体的内摩擦，即黏性对流体运动的影响。将黏度的影响包含到流体的运动方程中也成为学者们孜孜以求的目标。

时间来到 1809 年，当时 24 岁的法国力学家克劳德·路易·纳维修订了《工程科学》一书，从此对工程科学基础理论产生了浓厚的兴趣。12 年后，他推广了欧拉的流体运动方程，考虑了分子间的作用力，从而建立了流体平衡和运动的基本方程，其中只含有一个黏性系数。他在论文中指出，从大量的经验来看，压力并没有明显地影响运动流体各部分之间的分子作用所产生的阻力，而这些阻力来源于相邻分子的速度大小或方向的差异，即分子间的相对速度。另外，纳维在论文中还提及了流动的"非线性"问题，用数学语言解释了某种混乱的流动。虽然纳维没给出最终的流体运动方程，但对黏性和流体运动的独到见解却深刻启示着后来者。

1819 年，纳维已近中年之时，另一位流体力学界的明星——乔治·斯托克斯在爱尔兰诞生了。1845 年，斯托克斯在前人工作的基础上，结合纳维对黏度的思考和柯西的张量思维，提出了三个假设（即流体是各向同性的、流体静止时法向应力等于静压强、应力与变形率成线性关系），从而推出了黏性流体运动的基本方程组——著名的"纳维 - 斯托克斯方程"，即 N - S 方程（见图 6 - 5），其中含有两个常数。作为最普世的流体运动方程，它适用于可压缩变黏度的黏性流体运动，当然也适合于湍流。至此，湍流问题的数学描述得以实现。

$$\rho\left(\frac{\partial v}{\partial t}+v\cdot\nabla v\right)=-\nabla p+\nabla\cdot T+f$$

图 6 - 5　法国力学家纳维（1785—1836）与爱尔兰数学家、

物理学家斯托克斯（1819—1903）推出 N - S 方程

2. 湍流的发现与命名

N - S 方程的提出具有划时代的意义，给后来的流体研究者提供了一个崭新的开始。然而，令后来者困惑的是，由于方程式的复杂性，只有很少数的简单流动能进行求解。方程中的对流项具有二阶非线性，成为拦在研究者们面前的一座大山。对于实际工程中紊乱的湍流，N-S方程的求解则更加困难。这种局面一直到1883年雷诺提出了一个对流动有决定性影响的无量纲物理量——雷诺数之后才发生改变。

奥斯本·雷诺1842年生于北爱尔兰。雷诺从小就很喜欢观察自然，在父亲的影响下对机械问题也产生了浓厚的兴趣，并很早就表现出这方面的天赋。1868年起雷诺出任曼彻斯特欧文学院的首席工程学教授。1871—1874年，雷诺致力于用科学的方法来研究和解决一些实际问题，包括"弹性与断裂""高压蒸汽的使用"等。雷诺把理论和实验结合起来，开始采用力学与工程学相结合的方式进行研究。从1879年开始，雷诺的研究兴趣由液体引申到流体力学。

在1880年至1883年间雷诺进行了大量实验研究，他通过著名的圆管染色实验，向人们展示了湍流无规则的流态：随着流速的增加，平稳的流动逐渐演化为杂乱无章的流动。雷诺于1883年发表了一篇经典性论文——《An experimental investigation of the circumstances which determine whether the motion of water shall be direct or sinuous and the law of resistance in parallel channels》，提出了流动的相似律，成为流体力学发展的一个重要里程碑。用雷诺自己的话来说："水的内部运动呈现出两种广泛可区分形式中的一种——要么流体单元一个接一个地沿着以最直接方式到达目的地的运动路径，或者它们以最间接的可能在曲折的路径上发生漩涡。"

雷诺以实验结果说明水流分为层流与湍流两种形态，并引入表征流动中流体惯性力和黏性力之比（后被命名为"雷诺数"）作为判别两种流态的标准。对于几何条件相似的各个流动，虽然它们的尺寸、速度、流体不同，但只要雷诺数相同，则这些流动是动力相似的。他发现了管内流动层流向湍流转变的雷诺数的数值（见图6-6），澄清了实验结果之间的混乱，对指导实验研究作出了重大贡献。从此，雷诺数的判断成为研究流体流动特别是层流向湍流过渡的标准步骤。

雷诺并没有将这种复杂流动命名为"湍流（turbulence）"，而是使用了扭曲

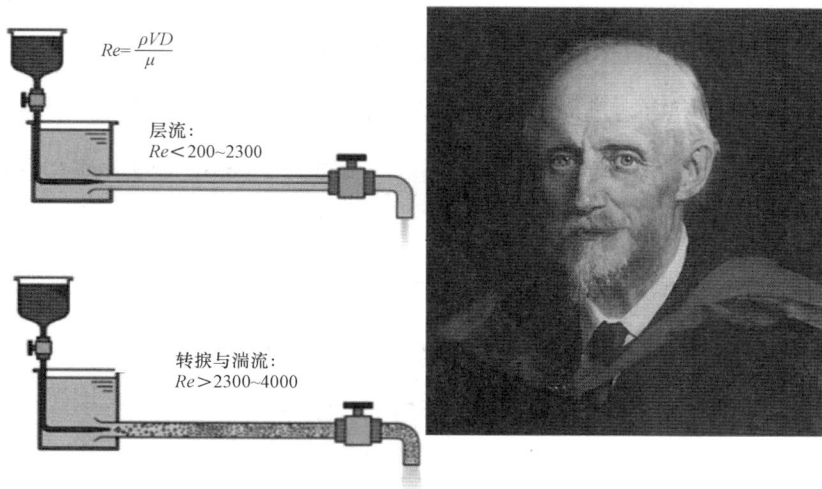

图 6-6 英国力学家、物理学家雷诺（1842—1912）及其染色实验

（curls）、漩涡（eddy）、不稳定（unstable）、曲线运动（sinuous motion）等修饰性词语来形容。直到 1887 年，英国数学物理学家威廉姆·汤姆森才首次明确将这种流动命名为"湍流（turbulence）"。汤姆森研究了倾斜的平面流动，指出当流动是湍流时，流体内部会产生明显的干扰，并由此产生额外的黏性效应。1897 年，法国著名数学家约瑟夫·瓦伦丁·布辛尼斯克出版了著作《液体的涡流和湍流理论》，对湍流和水动力学作出了巨大贡献。在论述中他统一使用了"湍流（turbulence）"一词，并得到整个学界的广泛认可。随后，现代流体力学之父普朗特也开始全面使用湍流一词。再之后，湍流不仅成为一个被所有人认可的名词，更是成为一个专门的研究领域。

3. 湍流模型建立与发展

湍流的系统研究开始于 20 世纪 20 年代，一开始就有两个不同的方向。一个以现代流体力学之父、德国的普朗特为代表，他始终关心的是真实的湍流，如管道中的湍流，以及对实际问题更重要的边界层湍流等。另一个以英国著名流体力学家泰勒为代表，他提出来一个湍流的理想模型，作为湍流研究的出发点，认为这样可以在更基本的层面上了解湍流的本质。后者常常被认为代表了湍流基础研究的方向，而前者则更接近于工程实际。1877 年，布辛涅司克（Boussinesq）将湍流脉动引起的切应力类比成了牛顿内摩擦定律，即用黏度乘以速度梯度来表示湍流脉动引起的切应力，进而提出了涡黏性假设。1895 年，雷诺认识到既然流动未知，不妨使用统计学的思想进行平均，于是提出了雷诺平均概念，即将流场变量看作一个时均量与脉动量之和的形式。1904 年，普朗特提出边界层概念，湍流的计算从数学表达到工程应用之路才逐渐清晰。

1925 年，普朗特提出混合长理论，用混合长概念求解涡黏度，成为湍流模式理论的基石。1935 年泰勒在风洞实验中得到了各向同性湍流，发展了各向同性理论。1938 年基于泰勒的各向同性理论导出了著名的 Karman - Howarth 方程。1941—1942 年，柯尔莫果洛夫进一步把泰勒的均匀各向同性理论发展成局地均匀各向同性统计理论，提出 k-ω 模型，其中湍动能 k 和湍流耗散率 ω 用相似的微分方程描述，被称为二方程模型。由于当时计算机技术的限制，上述非线性微分方程仍无法求解。1945 年，普朗特提出一个方程模型。在这个模型中，涡黏度是湍动能 k 的函数，并进而提出描述 k 的微分方程，首次提出湍流变量取决于流动历史这个重要概念。1951 年，Rotta 放弃了 Boussinesq 假设，提出二阶矩封闭模型，用 1 个方程描述湍流长度尺度，用 6 个方程描述雷诺应力张量的分量。

至此，湍流模型中的 4 种基本类型（代数模型、一方程模型、二方程模型、二阶矩封闭模型）全部出现。19 世纪 50 年代后各种模型都得到不同程度的发展，重要的有：Van Driest（1956）、Cebeci 和 Smith（1974）、Baldwin 和 Lomax（1978）的代数模型，Bradshaw、Ferriss 和 Atwel（1967）、Bald win 和 Barth（1990）、Goldberg（1991）和 Spalart 和 Allmaras（1992）均提出新的一方程模型。计算机出现后，二方程模型重新得到重视。其中最引人注目的模型是 Launder 和 Spalding 于 1972 年提出的 k-ε 模型。虽然 Rodi 等人 1986 年证明这个模型在带逆压梯度流动中存在明显误差，但是这个模型仍成为最著名的湍流模型。

20 世纪 30 年代开始，以周培源为代表的中国流体力学家开始跻身国际的学术舞台，为近代流体力学的发展作出了突出的贡献。1940 年，周培源在国际上第一次提出湍流脉动方程，并用求剪应力和三元速度关联函数满足动力学方程的方法建立了普通湍流理论，从而奠定了湍流模式理论的基础。1944 年，林家翘解决了流动稳定性理论中的一个数学疑难，并用渐近方法求解了奥尔 - 索末菲尔德方程。40 年代钱学森提出了跨声速流的相似律，开创了高超声速流和稀薄气体动力学新领域。20 世纪 50 年代，周培源在国际上第一次用实验确定了从衰变初期到后期的湍流能量衰变规律和泰勒湍流微尺度扩散规律的理论结果。1953 年，郭永怀在研究有限长平板边界层二阶理论时，提出了克服奇异性的途径，后被钱学森命名为 PLK 方法。

二、 思政要点解析

人们在理解自然现象和长期的生产实践过程中，基于科学实验发展了流体力学。流体力学课程涵盖了流体流动和力学规律及其工程应用的主要内容，是能源动力类专业的基础课。其目的是培养学生分析和求解流体力学问题的能力，能解决工程实际问题，了解计算流体力学的思路和方法，为后续专业课程的学习及日后从事与能源工程等相关的研究、设计与管理工作打下良好基础。其中，湍流是非常重要且不易理解的内容，涵盖湍流的形成及特征、湍流描述方法、湍流运动基本方程、湍流模式理论等。

古今中外流体力学相关事件、理论发展和流体力学大师精神等都蕴含着丰富的思政素材。对湍流的研究成果是人类近 200 年的智慧结晶，这一领域的理论奠基人包括伯努利、欧拉、纳维、斯托克斯、雷诺等。他们树立了流体力学发展史上的一个个重要里程碑，比如欧拉平衡微分方程式、伯努利方程、纳维 - 斯托克斯方程、雷诺输运定理等。从这些伟大科学家身上，我们可以体会科学精神丰富的内涵。

科学家要拥有良好的科学素质，包括广博的知识、严谨的方法、丰富的思想、求是的精神。他们往往在青年时的求学过程中积累了广博的知识，在科学活动中充分运用活泼方法与严密逻辑。在探索世纪难题——湍流的科学研究过程中，科学家们充分采用观察、比较、演绎、归纳、抽象、思辨、假设、求证的方法论，对真理孜孜不倦地追求，面对挫折和失败百折不挠。许多流体力学家也是数学家，他们坚定追求数形理念和灵活地运用数学方法。伯努利家族两代人中大多数是数学家，他们并非有意选择数学为职业，然而却忘情地沉溺于数学之中。欧拉推导了理想流体的运动平衡微分方程式，纳维、斯托克斯导出了黏性流体运动的基本方程组，使得湍流的描述成为可能。对数学重要性的认识一定程度上决定了对科学本质的追求深度。

真正的科学家要有纯粹的科学信念，只有静下心来，不追求现实功名，这样才成就了科学，成就了人类的思考智慧。丹尼尔·伯努利是约翰·伯努利的儿子，他和他的父辈一样，违背长辈希望他经商的愿望，坚持学医，后来又致力于数学和物理学的研究。晚年的欧拉左眼视力衰退，最后完全失明；又遭遇了火灾，大量研究成果全部化为灰烬，面对沉重的打击，欧拉并没有倒下，他发誓要把损失夺回来，他以惊人的毅力与黑暗搏斗，凭着记忆和心算进行研究，直到逝世。雷诺尽管拥有很多项关于涡轮泵和离心泵等的改进专利，但在创新和发明的问题上，他并没有想着怎么去发财致富，而是关注于事物的本质，终于发现流动的相似律。

案例 6-5 探究世纪难题（下）：湍流问题的数学破局

一、案例内容

如前文所述，N-S方程虽然在理论上可以描述湍流，但是实际上却无法求解。直到 1883 年，雷诺通过经典的染色实验让人们亲眼目睹了"速度"这一物理变量的复杂性，而速度紊乱的时空演化本质上就是 N-S 方程的实际解。从此人们似乎看到了流动源头，湍流也正式成为一个科学问题。从一开始，湍流就包含两个基本问题：一个是什么条件下层流会变成湍流；一个是湍流的本质是什么，或它有什么基本规律。前者引发了流动稳定性的研究，后者则引发了湍流研究。众多的流体力学家、物理学家、数学家甚至工程技术界专家学者矢志不渝，真可谓"引无数英雄竞折腰"。本案例首先回顾了众多科学家如何接续努力取得湍流问题数学破局，接着介绍了泰勒、普朗特、柯尔莫果洛夫等科学家对湍流理论发展的重要贡献。

1. 泰勒的各向同性湍流理论

泰勒（见图 6-7）被誉为 20 世纪最伟大的物理学家之一。1886 年，泰勒出生于英国伦敦。1905 年，泰勒进入了剑桥大学最著名的三一学院开始主修数学和物理。在这个有着悠久辉煌历史的学院内，泰勒很早便展现了对物理的独特兴趣。1908 年，大学毕业后，泰勒获得了三一学院的奖学金，并留在剑桥开始追随汤姆森从事科研工作，不过很快他的研究方向转到了冲击波，并在 1910 年发表了他在流体力学领域的第一篇论文。泰勒在关于湍流的学术领域也颇有建树，发表的论文《Turbulent motion in fluids》，为他赢得了 1915 年的亚当斯奖（Adams Prize）。

图 6-7 英国物理学家泰勒（1886—1975）

　　1912 年，泰勒担任剑桥大学动力气象学的副教授，开始湍流理论的研究。就在同一年，大西洋上发生了一场震惊世界的海难，号称永不沉没的"泰坦尼克号"在首航中便遭遇了厄运。1913 年，泰勒作为随船的气象学家被派往勘查"泰坦尼克号"失事原因。他在参加"泰坦尼克号"失事调查时，在甲板上用风筝对大气湿度、温度分布进行了测量。在将所测到的数据用相关分析等新的数学理论进行处理之后，他发现了湍流的一些基本性质。在研究了湍流大气、海洋、航空及机械工程领域的不同表现后，泰勒指出：各领域的湍流尽管表现形式有所不同，但在运动的最小尺度上存在某些共同的基本属性。泰勒利用这次机会，反复地观察大气中湍流的变化，而他的观察结果也为后来关于大气混合理论模型的工作奠定了基础。泰勒花了 3 年的时间，初步完成了他在大气湍流方面的工作，并发表了论文《Eddy motion in the atmosphere》，开始用统计的思想研究湍流。

　　第一次世界大战结束后，泰勒又回到三一学院，致力于湍流在海洋学中的应用。1923 年，他被任命为皇家学会的研究教授。此后很长的一段时期，他在流体力学和固体力学方面做了大量杰出的工作。对于湍流的研究，泰勒也曾独立地提出过类似于"混合长度理论"的思想，不过泰勒很快就意识到，用分子自由程的思想将脉动的流体微团割裂出来，强行假设它在运动到下一层流体之前不产生任何速度和能量的掺混，这种理论本身就是不合理的。另外混合长度的定义对于湍流来说也是非常困难的，几乎无法准确定义。于是，泰勒转向通过统计的思想研究湍流，并给出更加简洁的数学描述。泰勒发现真实的湍流太过复杂，为了更好地总结湍流的规律，泰勒开始研究更理想化的湍流。他在风洞实验的均匀气流后设置了几排规则的格栅，均匀气流流过格栅时便产生不规则扰动。这种不规则扰动向下游运动过程中，由于没有外界干扰，逐渐演化为各向同性湍流。泰勒陆续发表了几篇重要的论文。虽然泰勒没有能够像后来的柯尔莫果洛夫那样提供最简单的表达式，但是他启发了很多的学者，也奠定了他在湍流理论的统计学派的地位。

2. 普朗特的开宗立派

　　尽管雷诺和布辛涅司克指明了湍流数学求解的方向，然而在湍流求解的道路上依然困难重重，直到现代流体力学之父——普朗特（见图 6-8）于 1924 年提出了混合长度理论。普朗特始终把注意力放在了如何解决真实湍流的问题上，他从来不把湍流问题孤立出来研究，而总是从它对解决工程实际问题的重要性出发来考虑问题。其研究方法的特点是，直接针对某一类有重要意义的真实湍流，分析其主要的流动特性，提出便于计算的物理模型，以解决湍流的计算问题。沿着这一解决真实湍流问题的方向，也形成了一个更为庞大的研究队伍。他们在真实湍流的本质问题、实验方法、计算方法等各个方面做了大量的工作。

图 6-8　德国物理学家普朗特（1875—1953）

1894 年普朗特进入慕尼黑技术学院，1900 年获得博士学位，1901 年成为汉诺威技术学校的流体力学教授。普朗特重视观察和分析力学现象，养成了非凡的直观洞察能力，善于抓住物理本质，概括出数学方程。他曾说："我只是在相信自己对物理本质已经有深入了解以后，才想到数学方程。方程的用处是说出量的大小，这是直观得不到的，同时它也证明结论是否正确。"

1904 年，当时还默默无闻的普朗特在德国举办的第三届国际数学家大会上，发表了《关于摩擦极小的流体运动》的论文，有效地对 N-S 方程进行了简化、求解和验证。在这篇论文中，普朗特首次描述了边界层及其在减阻和流线型设计中的应用。他认为，低黏性流体只有在横向速度梯度很大的区域内才有必要考虑黏性的影响，这个范围主要处在与流体接触的壁面附近，而其外的主流则可以当作无黏性流体处理。这是一个经过深思熟虑、切合实际的崭新观点。在边界层概念的指导下，微分方程得到了合理的简化，有力地推动了理论求解的发展。后来普朗特的几个学生曾经试图给边界层方程找到封闭形式的解，但都没有成功。于是，普朗特原始论文中的近似解得到广泛应用。至此，流体力学有了一套非常强大的理论工具，不但理论流体力学得以迅速发展，而且与实验流体力学和工程实践结合得日益紧密。普朗特的论文引起数学家克莱因的关注，克莱因因此举荐普朗特成为哥廷根大学技术物理学院主任。

1924 年，普朗特又提出了混合长度理论。我们知道流体的黏性来自分子自由运动产生的掺混，与分子运动自由程密切相关；而对于涡黏性，也可以类似地定义湍流脉动掺混的长度，称之为混合长度，其物理意义为流体微团耗散前所经历的距离，因此脉动速度可以表示为混合长度与 Y 向速度梯度的乘积，而涡黏性系数则可以相应地表述出来。因此，只要知道了混合长度，便可以明确涡黏性系数，进而求解雷诺平均的 N-S 方程。然而，混合长度的准确值也很难得知，于是普朗特大胆地认为混合长度与到壁面的距离成正比，从而得到了计算流体力学（CFD）领域第一种实用的涡黏模型。普朗特之后，湍流的求解再次进入了一个全新的时代，直至今日。

除了在流体力学中的研究工作，普朗特还培养了很多著名科学家，其中包括匈牙利著名流体力学家、航空和航天领域最杰出科学家冯·卡门（我国著名科学家钱伟长、钱学森、郭永怀的老师）、著名流体力学家梅耶、我国著名的流体力学家陆士嘉等。

3. 柯尔莫果洛夫的大胆创新

1903 年，柯尔莫果洛夫（见图 6-9）出生于莫斯科东南部的小城坦波夫。柯尔莫果洛夫成长于沙皇俄国的末期，艰苦又不安定的生活环境激发了他的意志和创造力。1920 年，柯尔莫果洛夫进入莫斯科大学主修物理数学，随后又去了门捷列夫化工学院学习冶金，大学期间他还对历史感兴趣并将统计方法引入历史研究。几年的大学生涯让这位天才少年渐渐看清了自己的志向——投身数学的研究。1925年，柯尔莫果洛夫师从于著名的数学分析大师鲁金，开始从事概率论的研究。博士毕业后，年仅26岁的柯尔莫果洛夫成为莫斯科大学数学研究所的助理研究员；1933年，三十而立的他成为莫斯科大学数学研究所所长，开启了其创造性研究的新阶段。

图6-9 苏联最伟大的数学家柯尔莫果洛夫（1903—1987）

柯尔莫果洛夫非常善于吸取前人工作中的核心理念和合理经验，并加以创造性发展。他仔细研读了泰勒和冯·卡尔曼关于湍流的均匀各向同性理论，而摒弃了他们理论中的绝对性。他认为，一般自然界和工程领域中湍流的非均匀各向同性特点主要是由大尺度湍涡引起的，大尺度的湍涡能量取自外界自然会带有非均匀各向同性特征。然而，小湍涡却与此不同，它们可能是均匀各向同性的。问题是要怎样进行统计，才能排除掉非均匀各向同性的大湍涡的影响，而只显示小湍涡的均匀各向同性统计性质。

对此，柯尔莫果洛夫提出了自己独创的结构函数统计方法。所谓结构函数，就是指空间两点湍流速度差的平方平均值。柯尔莫果洛夫认为，空间每点的湍流速度都是所有尺度湍涡速度合成的结果，既包括均匀各向同性小尺度湍涡，又包

173

括非均匀各向同性的大尺度湍涡。他合理地假定，空间两点速度差反映了尺度小于空间两点距离的湍涡的影响，这个速度差值自然就把尺度大于空间两点距离的湍涡作用排除在外。因此，当空间两点距离足够小时，从这两点速度差计算出来的结构函数就会均匀各向同性，并将这种小尺度均匀各向同性定义为局地均匀各向同性。

可是要怎样做才能找到结构函数的规律呢？同样，柯尔莫果洛夫也做了一个非常大胆的创新。他建议，放弃从 N-S 方程导出其结构函数方程的方法，因为那样无法求出严格解。于是，柯尔莫果洛夫提出了独具特色的新方法——量纲分析法。虽然这在物理学中是个常用的方法，但把它应用到解决湍流问题上，柯尔莫果洛夫却是第一人。剩下的问题就是如何找出决定这个过程性质的主要物理因子。柯尔莫果洛夫依靠敏锐的物理洞察力，得到了决定惯性子区间湍涡统计结构的物理因子——湍能耗散率。

二、思政要点解析

在许多理论内容的学习进程中，不可避免要回顾理论出处。也因为"水无常形"，这就导致流体力学的许多问题还不能有严格的理论解析，只能通过细致入微的实验获取答案。例如，在流体力学湍流模型分析章节中，通过教学内容推进，与大家共同领略历代流体力学先贤们为了点滴进展而孜孜不倦的探究精神。本案例中，泰勒开创均匀各向同性湍流的统计理论、普朗特关于边界层理论研究的创新故事、柯尔莫果洛夫创立局地均匀各向同性湍流模型，对青年学生开启科学研究之路具有重要示范作用。

首先，要敢于提出自己的观点。对于科学研究，青年学子们不要有畏难心理，只要经过自己周密的思考和验算并坚信所提出的观点是正确的，便可勇敢地提出自己的想法和思路并勇于坚持。1900 年博士毕业后的一段时间内，普朗特还从事过固体力学工程师的工作。当时他在流体力学领域名气并不大，才刚刚开始较为系统性的流体力学的研究。1904 年，29 岁的普朗特凭借扎实的基本功、对目标的极致理解、敏锐的物理直觉，大胆创新，提出了著名的边界层理论。

其次，要提炼关键科学问题。科学研究的过程中，优秀的学者需要对学科前沿有敏锐的洞察力，能够提炼和抓住其中的核心问题进行攻关和解决。普朗特正是抓住了流体力学在其所处时代的前沿问题，通过合理地简化 N-S 方程，将其与实验流体力学紧密结合起来，从而取得突破。柯尔莫果洛夫发现湍流的非均匀各向同性特点主要是由大尺度湍涡引起的，而小湍涡却可能是均匀各向同性的，关键问题在于如何获得小涡的统计性质，最终结合数学理论和物理直觉得以解决。

最后，要积累扎实的基本功。一项好的研究成果通常需要研究人员对各类基本概念有着非常扎实的理解并在此基础上灵活运用。大学阶段则是打好学术基础最宝贵的时期。例如，泰勒青年时爱好划船、滑翔、跳伞等活动，对其中不少涉及流体力学的问题深感兴趣，而且善于把深刻的物理洞察力、严格的量纲分析及巧妙的数学方法结合起来。柯尔莫果洛夫在大学期间，扎扎实实地学好了基本功课，并且广泛涉猎，积累了丰富的知识，培养了对科学的浓厚兴趣。

案例 6-6　热辐射理论的突破性发展

一、案例内容

热辐射基础理论研究中的最大挑战在于确定黑体辐射的光谱能量分布。从 19 世纪中后期开始，基尔霍夫、斯忒藩、玻尔兹曼、维恩、普朗克等科学家相继对热辐射的研究作出了重要贡献。19 世纪末 20 世纪初，科学家遇到了黑体辐射的"紫外灾难"问题。利用以经典物理学为背景的瑞利-金斯定律来计算黑体辐射强度与能量间关系时，在辐射频率趋向于无穷大时计算结果和实验数据无法吻合。那么这个问题是怎么解决的呢？

1. 热辐射的早期研究

1860 年，德国物理学家基尔霍夫做了用灯焰烧灼食盐的实验。在对这一实验现象进行研究的过程中，得出了关于热辐射的定律，后被称为基尔霍夫定律：基尔霍夫根据热平衡理论导出，任何物体对电磁辐射的发射本领和吸收本领的比值与物体特性无关，是波长和温度的普适函数，即与吸收系数成正比。基尔霍夫由此判断：太阳光谱的暗线是太阳大气中元素吸收的结果。这给太阳和恒星成分分析提供了一种重要的方法，天体物理由于应用光谱分析方法而进入了新阶段。虽然基尔霍夫在 1860 年论文中的证明是针对单色和偏振辐射的，然而它的重要意义正在于对全光谱辐射的推广。1862 年基尔霍夫又进一步得出绝对黑体的概念。他的热辐射定律和绝对黑体概念是开辟 20 世纪物理学新纪元的关键之一。

奥地利物理学家斯忒藩于 1858 年在维也纳大学获得博士学位，1863 年起在该大学任教。他对热物体的冷却速率非常感兴趣，他在很宽的温度范围内仔细地观测了热物体，并进行了定量描述。1879 年，斯忒藩阐述道，热体的总辐射和它的绝对温度的四次方成正比。若温度提高 1 倍，辐射率则增加到 16 倍。1884 年，另一名奥地利物理学家玻尔兹曼从理论上证实了这个定律。玻尔兹曼 22 岁获得博士学位后，曾先后在多所大学任教。他发展了通过原子的性质来解释和预测物质的物理性质的统计力学，并且从统计意义对热力学第二定律进行了阐释。玻尔兹曼根据热力学原理推导出了四次方定律，因此这一定律也被称为斯忒藩 - 玻尔兹曼定律。

1893 年，德国物理学家维恩通过热力学、光谱学、电磁学和光学等理论，利用半理论半经验的方法推导出了维恩位移定律，并用来确定黑体的能量谱分布——一条描述给定温度的黑体在不同频率下电磁波辐射能量的曲线。这个公式虽然在短波段与实验比较符合，但在长波段则与实验显著不符。1896 年他又发表了维恩公式，即维恩辐射定律，给出了这种确定黑体辐射的关系式。这个定律表明，黑体温度越高，其光谱辐射力的最大值所对应的波长越短。虽然后来维恩公式被证明仅适用于短波，但维恩的研究使得普朗克能够用量子物理学方法解决热平衡中的辐射问题。维恩也因为这一研究成果获得了 1911 年的诺贝尔物理学奖。

1900 年，英国著名物理学家瑞利根据经典物理学的基本原理推导出一个黑体辐射定律。他在推导中用了两个假设：空腔内的电磁辐射形成一切可能形式的驻波，其节点在空腔壁处；当系统处于热辐射平衡时，根据经典统计物理的能量均分原理，每个驻波应具有等于 kT 的平均能量，由此推导出一个公式。瑞利的推导中错了一个因子，1905 年被年轻的英国天文学家金斯纠正，因此这个公式又称为瑞利 - 金斯辐射定律。这个公式虽然在低频（长波）部分与实验符合，但由于辐射能量与频率的平方成正比，所以随频率的增加而单调地增加，在高频部分辐射能量则趋于无限大，即在紫外端发散。这一结果后来被保尔·埃伦菲斯特称为"紫外灾难"。"紫外灾难"的出现使人们强烈地意识到，原先以为已经相当完美的经典物理学理论确实存在问题。

2. 普朗克提出能量量子化

普朗克（见图 6 - 10）是德国著名物理学家、量子力学的重要创始人之一。1874 年，普朗克进入慕尼黑大学攻读数学专业，后改读物理学专业。1877 年至 1878 年，普朗克转学到柏林大学，1879 年获得博士学位。从博士论文开始，普朗克一直关注并研究热力学第二定律，发表诸多论文。大约 1894 年起，普朗克开始把心力全部放在研究黑体辐射的问题上。

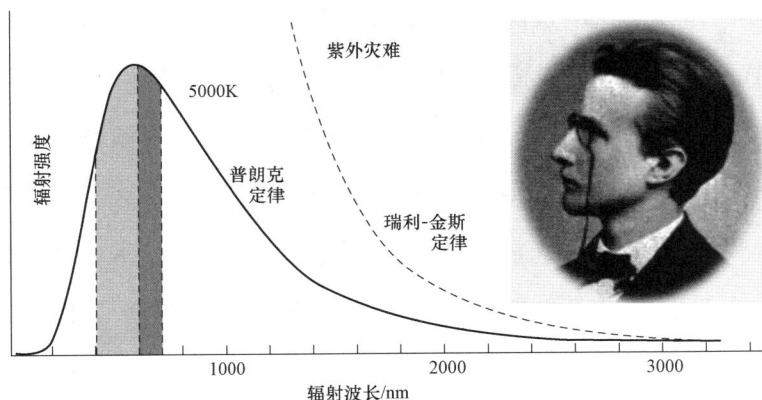

图 6 - 10　德国物理学家普朗克（1858—1947）提出

量子理论解决"紫外灾难"问题

普朗克对维恩在 1896 年发现的维恩定律很感兴趣，他与维恩在柏林夏洛腾堡的德国物理技术研究所共事，普朗克一直试图从热力学第二定律出发寻找维恩定律的理论基础。然而，研究所的其他几名同事仅通过实验确定，维恩定律在电磁波低频部分也就是长波部分，完全失去了作用。普朗克猜想，也许他可以将两者结合成更为简单的形式，用公式将辐射的能量和频率联系起来。

普朗克在 1899 年就率先提出解决"紫外灾难"问题的方法，称为基础无序原理，并把瑞利 - 金斯定律和维恩位移定律这两条定律使用一种熵列式进行内插，由此发现了普朗克辐射定律，可以很好地描述测量结果。不久后，人们发现普朗克的这项新理论是没有实验证据的，但对于普朗克来说，这个定律却只是一个简单的猜想、一个"幸运的直觉"，如果需要严肃地对待这个问题，必须要追溯其基本原理。普朗克并没有因此气馁，立刻集中精力去完成这件事。他修正了自己的方式，最后成功地推出著名的第一版普朗克黑体辐射定律，此定律旨在描述由实验观察来的黑体辐射光谱呈现良好的状态。

1900 年普朗克在《德国物理学会通报》上发表了《论维恩光谱方程的完善》，这是一篇只有三页纸的论文，第一次提出了黑体辐射公式。同年 12 月 14 日，在德国物理学会的例会上，普朗克作了《论正常光谱中的能量分布》的报告。在这个报告中，他提出了一个公式。其后的实验证实普朗克公式与实际情况在整个光谱段完全符合。为了达到他的目标，普朗克发现他必须摒弃之前最深信不疑的观念：热力学第二定律。这不是自然界确定的定律，而只是一个统计学的定律。

此外，普朗克还需要假设黑体吸收和放出的能量是不连续的，而是量子化的，只有通过黑体中能量量子化的统计分布，将其能量假设为与频率成比例的量——$h\nu$ 的整数倍，才能回推到之前得到的方程。他也举出了对于这个方程有重要意义的其他证据，来估算这个常数 h（普朗克给出的常数的值 6.55×10^{-34} J·s，与现在的 6.626×10^{-34} J·s 非常接近），还有所谓的玻尔兹曼常数、阿伏伽德罗常数、电子电荷量。

实际上，人们接受普朗克这个理论用了很多年，其中爱因斯坦起着重要的作用。1905 年，爱因斯坦独立于普朗克的研究，提出了在特定条件下辐射的能量本身应该是量子化的（光量子，后来被称为光子）的理论，并在 1907 年用一般性的量子假设来解释固体的比热容。1909 年，爱因斯坦将波粒二象性引入物理学。1911 年 10 月，普朗克和爱因斯坦与其他杰出的物理学家一起在布鲁塞尔出席了第一届索尔维会议。在讨论中，法国数学家亨利·庞加莱对于普朗克的辐射理论，给出了解释"量子"的必要的数学证明，这令金斯等人转变态度支持量子理论。

此时，普朗克公式才为人们所接受，1918 年普朗克也因此发现获得了诺贝尔物理学奖。按照量子理论确立的普朗克定律正确地揭示了黑体辐射能量光谱分布的规律，奠定了热辐射理论的基础。他沿着玻尔兹曼的思路进行更深入地研究得出玻尔兹曼常数后，为了向他一直尊崇的玻尔兹曼教授表示尊重，建议将 k 命名为玻尔兹曼常数。普朗克的一生推导出现代物理学最重要的两个常数 k 和 h，是当之无愧的伟大物理学家。

二、思政要点解析

古人云：读书贵能疑。正是怀疑精神和创新精神促进了理论上和技术上的重大突破。纵观整个热辐射理论的建立过程，就是一个又一个奋斗、怀疑、创新的过程。面对瑞利 - 金斯定律和维恩位移定律的缺陷，普朗克不墨守成规，不盲目效仿别人的想法和做法，敢于打破原有框架，探索新规律新方法，提出质疑和独特的解决方法。青年大学生同样也要具备这些科学精神，要学会不满足已有认识，不断追求新知；不满足现有的方式方法，根据实际需要或者实际情况，不断进行改革创新；敢于打破原有框架，不迷信书本权威，敢于根据事实独立思考，大胆提出质疑。

马克思曾说："在科学上没有平坦的大道，只有不畏劳苦沿着陡峭山路攀登的人，才有希望达到光辉的顶点。"普朗克仔细研究维恩公式和瑞利 - 金斯公式，利用丰富学识用内插法在两个公式之间凑出一个经验公式，与实验曲线吻合得很好。如何从理论上推导出这个公式？普朗克遍寻经典物理学各种方法，都以失败告终，最终深入研究提出能量子假设。量子概念的革命意义无疑是巨大的，虽然它远远地超出了提出者的最初理解，但毕竟是普朗克点燃了量子革命的熊熊烈火。正如德国著名物理学家、诺贝尔物理学奖获得者詹姆斯·弗兰克所说："马克斯·普朗克，由于量子概念的创立，使他成为现代物理学发展的精神之父。"量子概念的创立距今已一百多年了，在这一百多年里，量子物理学已经从幼小的嫩芽成长为一棵参天大树，是普朗克为这棵大树培育了第一粒希望的种子。量子概念的提出闪耀着普朗克不畏艰险的奋斗精神、有根据的怀疑精神和革故鼎新的创新精神，以及于危机中创新机，于变局中开新局的胆识。这种胆识来自敏锐的洞察力和丰富的学识，而机遇总是垂青有准备的头脑。今天，创新已成为人类生存和发展的杠杆，普朗克能打破常规思维的局限、大胆设想、敢于创新的精神，为青年大学生树立了真正的典范，激励他们在未来的科学研究中求新求变，充分发挥自己的创造才智。

案例 6-7　周培源的湍流理论研究

一、案例内容

周培源（见图 6-11）是我国理论物理和近代力学奠基人之一，被称为世界当代流体力学四位巨人之一。周培源的一生，可以用三个角色概括：他首先是一位物理学家，特别在理论物理与流体力学方面有杰出贡献；其次是一位教育家，他长期从事高等教育工作，对我国高等教育的发展和改革作出了重要贡献；最后，他也是一位社会活动家，为促进世界和平、推动中外科技合作交流作出了突出贡献。

1. 以国家需要定义人生坐标

1902 年，周培源出生于江苏宜兴一个书香门第家庭。三岁半时他便入私塾受启蒙教育，经过四年的学习后转入当地一所洋学堂学习。辛亥革命后，年幼的周培源随父亲离乡，先后在南京、上海等地求学。

图 6 - 11　我国理论物理和近代力学奠基人周培源（1902—1993）

1918 年春，周培源考入上海圣约翰大学附属中学。1919 年，"五四运动"爆发，周培源满怀热忱地参加了上海地区的"五四"运动，但这场运动触怒了校方，几十个学生被开除，周培源是其中之一。被开除后，周培源回到老家自学，因受不了父亲经常的责备，又不愿闷在家中，便常在芳桥的潮音寺内读书看报。某天，他在报上偶然看到一则版面很小的招生广告，得知清华学校（清华大学前身）在江苏省招收 5 名插班生的消息。1919 年，勤奋且聪慧的周培源以优异成绩考入清华学校中等科（相当于现在的初中）。

在清华就读期间，周培源对数学产生了浓厚兴趣，并逐渐崭露头角。在读高等科三年级时，他写了自己的第一篇学术论文——《三等分角法二则》，后经数学教授郑之蕃推荐发表于《清华学报》上，由此开启了长达七十余年的科学研究工作。周培源曾写道，郑之蕃是他"青年时期最好、最尊敬的老师"，对他后来"立志一生攻读理论物理学与数学，起了决定性的作用"。

1924 年，周培源获得公费留美基金，随即踏上了异国求学的旅程。他虽曾抱有"工业救国"之梦，但最终去了芝加哥大学，决心攻读理论物理学。在芝加哥大学求学期间，他异常勤奋，以插班生身份进入数理系二年级，暑假仍选课，很快便修满学分，做了硕士论文，于 1926 年 3 月和 12 月先后获得该校数学物理学学士学位、数学硕士学位。1927 年初，周培源又到加州理工学院攻读博士，次年他的博士论文《在爱因斯坦引力论中具有旋转对称性物体的引力场》通过答辩，获得理论物理博士学位。从 1924 年秋到 1928 年，周培源便拿下了学士、硕士、博士三个学位，也从侧面反映出他在美国求学期间的勤奋刻苦。

1928 年秋，周培源赴欧洲，先后跟随两位日后的诺贝尔奖获得者海森堡（1932 年获奖，量子力学奠基人）、泡利（1945 年获奖）从事量子力学研究。1929 年 9 月，在结束了五年美欧求学生涯后，周培源在清华大学校长罗家伦的邀请下回国，成为清华大学物理系最年轻的教授，时年 27 岁。在回国与否这件事上，周培源从来没有犹豫过，他曾在给美国朋友的信中十分清楚地写道："我们这一代人是拿着国家的钱出来留学，我们就是要回来做事。"

周培源一生的学术研究主要集中在爱因斯坦广义相对论引力论和湍流理论两个领域。1936—1937 年间，利用清华休假机会，周培源赴美国普林斯顿高等研究院，参加爱因斯坦主持的广义相对论讨论班，并完成了题为《爱因斯坦引力论中引力场方程的一个各向同性的稳定解》的论文，于 1937 年发表于美国数学杂志上。

抗日战争全面爆发后，清华大学、北京大学、南开大学三校辗转迁至昆明，组成西南联合大学。环境虽然艰难，周培源却依然致力科学研究。为利用科学服务于抗战，他从对广义相对论的纯理论研究转向了有很大应用价值的湍流理论、空气动力学等。当被问及为何研究湍流时，周培源回答说，当时他认为相对论不能直接为抗战服务，作为一名科学家，大敌当前，必须以科学挽救祖国，所以他选择了流体力学。

早在 1935 年 12 月，为教育学生学习物理学同时也能为国防服务，他开设了弹道学课程。在西南联合大学，他仍开设这门课，何泽慧便是在此时深受老师"科学救国"思想的感召，后赴德读研，专攻弹道学。周培源教育、培养了一批有志于从事湍流研究的青年才俊，如林家翘、郭永怀、胡宁、钱伟长等。

1943 年，周培源再次赴美休假，到加州理工学院任访问教授，在这里，他继续深入研究湍流理论。

2. 周培源先生湍流研究的四个阶段

周培源先生从事湍流研究 50 余年，其自身的研究工作大致总结分为四个阶段。

第一阶段是 20 世纪 40 年代。在周培源先生指导下，王竹溪先生于 1934 年发表了国内最早的湍流论文，而周培源本人的湍流研究工作是 1938 年在西南联合大会正式展开的，当时跟随他一起作湍流研究的学生有林家翘先生和郭永怀先生。周培源在 1940 年发表在《Chinese Journal of Physics》杂志上的第一篇湍流论文中首次提出研究湍流必须研究脉动速度场，并给出了二阶和三阶速度关联方程，进一步将四阶关联函数变成两个二阶关联函数乘积求和的形式。这一理论的提出，使得本来不封闭的脉动运动方程可以求解。1945 年，他在美国《应用数学》杂志上发表了《关于速度关联和湍流脉动方程的解》，提出了一种湍流运动的解法，在国际上被称为"湍流模式理论"的基础，被誉为"现代湍流数值计算的奠基性工作"。10 年后，他所提出的湍流的解在国际上发展为湍流的模式理论，周培源也被公推为湍流模式理论的奠基人。

第二阶段是 20 世纪 50 年代到 60 年代，周培源先生率领他的一批学生继续从事湍流统计理论的研究工作。他和蔡树棠从 20 世纪 50 年代初就开始了"先求解后平均"的湍流研究新途径，避免了传统湍流理论中 N-S 方程不封闭的弱点。在 1956 年，周培源与蔡树棠从黏性流体的 N-S 方程出发，找到了均匀各向同性湍流在耗散后期的轴对称涡旋解，利用轴对称涡旋模型作为湍流基元的物理图象来说明均匀各向同性湍流运动，并根据对均匀各向同性湍流运动的研究，分别求得在湍流耗散后期和初期的二元速度的关联函数、三元速度关联函数，提出了先求解后平均的旋涡结构湍流统计理论。

第三阶段是 20 世纪的 70 年代。周培源和黄永念提出了均匀各向同性湍流的准相似性假设，将耗散初期和后期的相似条件统一为一个确定解的物理条件。利用这种新引入的准相似条件，他们将非线性速度波动方程求解为均匀各向同性湍流的一级近似，并得到了统一湍流衰减的初始到末期的解。此后周培源等还通过实验证明了准相似假设，对于双速度关联和三重速度关联，以及从衰变初期到衰变末期的能谱函数。这些结果发表在 1980 年国际理论和应用力学大会上，以及第一届亚洲流体力学大会上，并于 1982 年获得国家自然科学二等奖。

第四阶段是 20 世纪的 80 年代到 90 年代初，周培源先生进一步发展了逐次逼近法；同时在上一阶段的研究背景下，将均匀各向同性湍流的结果推广到具有剪切应力的一般湍流运动中去。他提出了广义准相似性假设（这一假设实际上包括了普朗特的动量转移理论、泰勒的涡量输运理论，冯·卡门的相似性理论），并给出了处理这种流动的奇阶截断法。历经半个世纪的不懈努力，周培源先生最终克服了同时求解平均运动方程和湍流脉动方程的种种困难，湍流模式理论体系已相当完整。

二、 思政要点解析

周培源早年师从海森堡、泡利、爱因斯坦等物理学大师，在他们的指导下从事科学研究工作。从 20 世纪 20 年代开始，他一直从事物理学基础理论中难度最大的两个方面，即爱因斯坦广义相对论引力论和流体力学中的湍流理论的科学研究，取得了举世瞩目的成就。

作为忠诚的爱国者，周培源早在中学时就积极参加五四运动。为利用科学服务于抗战，他转而研究流体力学——湍流理论、空气动力学等，开设了弹道学和流体力学课程，为祖国培养了一大批科技精英，实践了他"科学救国"的思想。二战结束后，他放弃了美国优厚的待遇，举家返回祖国，以满腔的热情投身于新中国社会主义建设的宏伟事业，始终不渝。作为杰出的教育家，在长达 60 多年的高等教育工作中，周培源为繁荣我国的科技教育事业呕心沥血。他的教育理念就是"学生要超过老师"，也因此培养出了一大批科学大师。彭桓武、何泽慧、钱三强、张宗燧、钱伟长、王竹溪、林家翘等著名科学家都是他的学生。有人说，我国"两弹一星"二十多位功勋科学家中，大半是周培源的学生或学生的学生。

林家翘在 1994 年为周培源先生所作的追忆文章中这样写道："周培源在湍流理论和相对论方面的工作赢得了国际认可。1945 年的一篇关于湍流理论的论文为随后数十年的理论发展提供了框架。"王淦昌曾这样评价周培源：由衷钦敬他那一贯的为探求真理献身、不计荣辱，坚持实事求是的科学精神。钱三强评价他是自己从事物理学习的好老师。周光召称颂他为中国科学、教育界最受尊敬的领导者之一。

周培源一生信奉"独立思考、实事求是、锲而不舍、以勤补拙"的 16 字格言。无论在科学研究中，还是在教学实践中，他都恪守格言，不断创新、求实、进取、奉献。他身上既展现出东方文化涵养的品格与美德，又体现出站在世界前沿的大科学家风范。周培源曾在自己 90 岁高龄时说："……人的智力和体力都是有差别的，但只要肯下功夫、多下功夫、下苦功夫，时刻勤奋，数十年如一日地顽强进取，就算是一个'拙'者，也定会做出几件像样的成果，节节上进，为国家为民族为人类作出自己的贡献。"

案例 6-8　中国半导体事业的奠基人黄昆

一、案例内容

黄昆（见图 6-12）是世界著名物理学家、中国固体和半导体物理学奠基人，先后师从吴大猷、莫特、波恩三位大师。他与玻恩合著的《晶格动力学理论》成为该学科领域的第一部权威专著。1955 年，年仅 36 岁的黄昆当选为中国科学院学部委员（院士）。

然而，黄昆并没有像许多著名科学家那样在少年时就显现出过人的天赋，那么他是如何从懵懂孩童成长为挚爱国家的著名物理学家的呢？

1919 年 9 月 2 日，黄昆出生于北京，祖籍浙江嘉兴。他的父母都是银行职员，

图 6-12 著名物理学家、中国固体和
半导体物理学奠基人黄昆（1919—2005）

母亲还是北京女子师范学院毕业的高才生，家中姐弟四人他排行最小，家庭教育环境很好。他回忆自己小学阶段，除去很早就识字，在小学时期常读小说和学会加减乘除之外，似乎没有学更多的知识。他还记得，他小学期间最出色的一次表现，是在三年级北京史地课考试得第 5 名。

黄昆的伯父黄子通当时在燕京大学哲学系任教授，有一次偶然看见黄昆课后很空闲，就询问他原因。黄昆回答说，老师交代的数学作业都已完成。他伯父说，那怎么行，数学课本上的题全都要做。自此，黄昆就这样做了，数学课也一直学得很好，并对数学产生了浓厚的兴趣，还带动了其他学科的学习。由于黄昆下课就忙于自己做题，很少去看书上的例题，反而培养了他治学一个重要特点：从第一原理出发。

1937 年，黄昆考入了燕京大学，并根据自己的优势和兴趣，选定了物理专业。1941 年秋，黄昆在获得燕京大学学士学位后，经葛庭燧先生推荐至西南联合大学任助教。抗日战争爆发后，清华大学、北京大学、南开大学迁至云南昆明，于 1938 年春组成了西南联合大会。西南联合大会物理系规模虽然不算大，但是人才济济，中国物理学界许多学术造诣很深的知名教授都在这里执教。从北京到昆明，黄昆辗转多地，整整花了 2 个多月时间才到达目的地。当时西南联合大会物理系主任饶毓泰先生在第一次见到黄昆时就对他说："这里人很多，不需要助教。你在这儿就是钻研学问做研究。"

事实确实如此。在吴大猷教授的帮助下，黄昆半做研究生半做助教。黄昆的教学任务只是每周带一次普通物理实验，这样他可以得到一些收入。在此期间，他结识了杨振宁、张守廉。他们一起上吴大猷和其他先生的课，三人学习思考风格迥异，课后就经常展开激烈的辩论，加深了对彼此人品学问的了解。黄昆往往都将话题引向极端，引发无休止的争论。有一次，为弄明白量子力学中"测量"的含义，他们从白天一直讨论到晚上，最后是上床后又爬起来，点亮蜡烛，翻看权威资料来解决争论。

1944 年，黄昆西南联合大会研究生毕业后，获得公费留学英国的机会。按规定，去英国什么学校，选哪位科学家做导师，都可以先由本人提出志愿，再取得接收方的同意。当时，有一位英国教授给西南联合大会捐赠了一大批在英国出版的科学书籍。黄昆对这批书很感兴趣，大多翻阅过。引起他特别兴趣的是英国科学家莫特的三本书：《原子的碰撞理论》《金属与合金的电子理论》《离子晶体中的电子过程》。这三本专著覆盖了不同的领域，每本专著都开启了一个学科方向。黄昆尤其被后两本书丰富新颖的内容所吸引，于是决定到英国布列斯托大学做莫特教授的博士生，并被莫特接受。这样，他也为自己选定了将来的研究方向——固体物理学。

1945 年 8 月，黄昆终于在布列斯托大学做了莫特的研究生，他也是第二次世界大战结束后莫特招收的第一个博士生。因无序系统的电子结构而荣获 1977 年诺贝尔物理奖的莫特，当时还是一位很年轻的教授，但已是国际上著名的固体物理学家。攻读博士期间，黄昆完成了 3 篇学术论文，论文《稀固溶体的 X 射线漫散射》在理论上预言了"黄漫散射",另一篇论文为固体物理中著名的金属电子介电屏蔽的"Friedel 振荡"奠定了基础。1948 年至 1951 年,黄昆在英国利物浦大学理论物理系担任博士后研究员,并访问了英国爱丁堡大学教授、量子力学奠基人之一马克斯·玻恩。期间,黄昆建立了离子晶体长波长光学振动的唯象方程"黄方程",提出了"声子极化激元"的概念,提出的"黄-里斯理论"是固体中杂质缺陷上的束缚电子态之间的多声子光跃迁和多声子无辐射跃迁理论的奠基石。黄昆与玻恩教授合著了《晶格动力学理论》,也被国际学术界誉为有关理论的经典著作。

当时年仅 32 岁的黄昆已凭借其学术成就在固体物理学研究领域处于世界领先水平。如果他留在国外,继续已经从事多年的研究,那么他个人在学术上的成就将不可估量。但是,当他发现百废待兴的新中国急需大批科研人才的时候,就毅然决定回国。1951 年,黄昆收到了恩师饶毓泰的来信,邀请他到北京大学物理系担任教授。本就归国心切的黄昆婉拒了玻恩教授一再挽留,满腔热忱地回到自己深爱的祖国,从此开始了长达 26 年的教学生涯。他认为,在中国培养一支科技队伍的重要性,远远超过个人在学术上的成就。

1956 年,黄昆参与创建了中国第一个半导体物理专业,主持了本科生教学体系的创建工作,并著有《固体物理学》教材。1977 年,黄昆调任中国科学院半导体研究所所长。从事"两弹一星"研究的许多科技人员都从这里走出,或者曾经聆听过他的授课。他培养了甘子钊、秦国刚、夏建白、朱邦芬等一大批顶尖科学技术专家,为新中国固体物理、半导体物理学科的发展奠定了基础。

二、 思政要点解析

从"黄漫散射"到"黄方程",从"黄-里斯因子"到"玻恩和黄",黄昆先生在固体物理学发展史上竖立了一块块丰碑。他的著作《固体物理学》《晶格动力学理论》等,被学者们像《圣经》一样摆在书桌上。1949 年,新中国百废待兴，急需大量的科技人才。黄昆放弃了国外的优越工作生活条件，踏上了回国的征程，也意味着放弃了个人科学生涯进一步获取重大成就的机遇，这对一名已享誉世界的青年科学家来说是难能可贵的。回国之后，黄昆又全力以赴从事教学工作，把最好的时光奉献给了祖国，为中国培养了几代半导体科学技术专门人才。2002年，黄昆获得了年度"感动中国"人物称号，颁奖词上这样写道：他一生都在科学的世界里探求真谛，一生都在默默地传递着知识的薪火，面对名利的起落，他处之淡然。他不仅以自己严谨和勤奋的科学态度在科学的领域里为人类的进步作出卓越的贡献，更以淡泊名利和率真的人生态度诠释了一个科学家的人格本质。

固体物理学是研究固体的结构及其组成粒子（分子、原子、离子、电子）之间相互作用与运动规律，以阐明固体性能和用途的学科。固体物理不仅是物理专业的必修课，也是材料科学、能源科学等专业的基础课程。应该说，黄昆能在学科发展早期就进入这一大有作为的科学领域，是一种非常难得的机遇。然而，我们应该认识到，机遇总是留给有准备的人是一个必然规律，它体现了"必然"与"偶然"的内在联系，有准备才有机遇，既有准备又遇到了机会，成功也就成了"必然"。正是在燕京大学他刻苦学习了物理学，还自学了量子力学等知识，才打下了扎实的基础。黄昆把自己的一生科学研究经历归结为：一是要学习知识，二是要创造知识。他认为做科学研究工作的人，必须要创造知识，并且归纳出两句名言，值得当今大学生谨记：

——"学习知识不是越多越好，越深越好，而是要服从于应用，要与自己驾驭知识的能力相匹配。"

——"对于创造知识，就是要在科研工作中有所作为，真正做出点有价值的研究成果。为此，要做到三个'善于'，即要善于发现和提出问题，尤其是要提出在科学上有意义的问题；要善于提出模型或方法去解决问题，因为只提出问题而不去解决问题，所提问题就失去实际意义；还要善于作出最重要、最有意义的结论。"

参 考 文 献

[1] 张文秀，宋宝洁．伦福德的传奇人生及科学贡献［J］．物理通报，2009（02）：55-57.

[2] 杜正国．布拉克、伦福德和戴维［J］．物理教师，1986（03）：45-47.

[3] 刘方新，李宗民．热质说与早期热力学［J］．物理，1992（03）：186-191.

[4] 路水．科学发展史故事连载之六：发现能量守恒和转化定律的艰难历程［J］．科学大众，2007（01）：37-40.

[5] 武际可．能量守恒定律的发现——力学史杂谈之二十［J］．力学与实践，2009，31（02）：99-104.

[6] 范岱年．能量守恒定律的发现者迈尔——一位天才业余科学家的悲惨生涯［J］．自然辩证法通讯，1994（03）：66-77.

[7] 罗平．赫姆霍兹对能量守恒定律的杰出贡献［J］．大自然探索，1999（03）：121-126.

[8] 梁衡．数理化通俗演义［M］．北京：北京师范大学出版社，1997.

[9] 叶梦姝．用数学语言写就的物理之诗——重温傅里叶《热的解析理论》［J］．气象科技进展，2015，5（06）：69-70.

[10] 弥静．拿破仑周围的数学家［J］．西北大学学报（自然科学版），1985（03）：96-102，83.

[11] 傅里叶．热的解析理论［M］．北京：北京大学出版社，2008.

[12] 赵松年，于允贤．湍流问题十讲——理解和研究湍流的基础［M］．北京：科学出版社，2016.

[13] 李国敬．湍流简史［EB/OL］．（2012-9-22）［2023-04-04］．https：//blog.sciencenet.cn/blog-635855-615661.html.

[14] LBM与流体力学．流体力学的时空穿越之旅［EB/OL］．（2021-03-27）［2023-04-04］．https：//zhuanlan.zhihu.com/p/360316837.

[15] 董鑫，白欣．力学与工程学结合的优秀践行者——奥斯本·雷诺［J］．科技导报，2021，39（22）：137-144.

[16] 杨庆余．乔治·加布里·斯托克斯：维多利亚时代的名流［J］．自然辩证法通讯，2016，38（03）：149-155.

[17] 周恒，张涵信．号称经典物理留下的世纪难题"湍流问题"的实质是什么？［J］．中国科学：物理学 力学 天文学，2012，42（01）：1-5.

[18] 李国敬 . 湍流简史 [EB/OL] . (2012 - 9 - 22)[2023 - 04 - 04] . https：//blog. sciencenet. cn/blog - 635855 - 615661. html.

[19] 张宇宁 . 普朗特创新故事的启发 [N] . 中国科学报，2020 - 03 - 05（8）.

[20] 张新科 . 工程技术类杰出人才的共性特质——以钱学森、冯·卡门和普朗特为例 [J] . 南京理工大学学报（社会科学版），2012，25（03）：103 - 106，112.

[21] 斯楚 . 路德维格·普朗特 [J] . 科技潮，1994（01）：56 - 57.

[22] LBM 与流体力学 . G. I. 泰勒——流体气宗的初代掌门 [EB/OL] . (2021 - 10 - 08)[2023 - 04 - 04] . https：//zhuanlan. zhihu. com/p/419240583.

[23] J. C. R. Hunt，赵乐静 . 伟人的足迹：《杰弗瑞·英加姆·泰勒的生平与成就》简评 [J] . 世界科学，1997（12）：41.

[24] 温景嵩，曾宗泳，马成胜 . 湍流的不连续性和柯尔莫果洛夫的湍流理论 [J] . 大气科学，1978（01）：64 - 70.

[25] 许秀华 . 发现者的困惑——马克斯·普朗克 [J] . 今日科苑，2016（01）：89 - 91.

[26] 杨庆余 . 量子物理学精神之父——马克斯·普朗克 [J] . 徐州师范大学学报（自然科学版），2000（04）：33 - 37.

[27] 唐福元 . 现代物理学发展的精神之父——马克斯·普朗克——为量子论诞生 100 周年而作 [J] . 物理教师，2000（05）：34 - 36.

[28] 戈革 . 学林古柏——马克斯·普朗克的幸与不幸 [J] . 自然辩证法通讯，1988（04）：56 - 66 ＋24.

[29] 方在庆 . "幸运的猜测"——普朗克发现"量子"的故事 [J] . 科学世界，2015（11）：99 - 101.

[30] 周玲，成鸣飞，彭菊 . 大学物理课程思政的教学实践——以黑体辐射为例 [J] . 牡丹江大学学报，2021，30（11）：5.

[31] 张晓华 . 周培源：以国家需要定义人生坐标 [EB/OL] . (2022 - 06 - 22)[2023 - 04 - 04] . https://kepu. gmw. cn/2022 - 06/22/content _ 35828667. htm.

[32] 唐靖 . 周培源：学界泰斗坦荡君子 [J] . 中国政协，2017（16）：3.

[33] 史晓雷 . 周培源：培得桢干质 叶茂不忘源 [N] . 光明日报，2021 - 7 - 19（11）.

[34] 孟庆勋 . 湍流模式理论的奠基人——周培源 [J] . 自然杂志，2013，35（05）：387 - 390.

[35] 时德伟，唐湛棋，姜楠 . 周培源先生的湍流理论研究 [J] . 力学与实践，2022，44（05）：1225 - 1229.

[36] 邵红能. 半导体的先驱者——物理大师黄昆 [J]. 大学科普, 202 (1): 19-21.

[37] 杨志宏. 黄昆: 成为世界领头的固体物理学家 [N]. 学习时报, 2022-09-14 (A6).

[38] 史继. 固体物理大师——黄昆 [J]. 党员干部之友, 2002 (05): 32-33, 1.

[39] 侯新杰, 陶壮壮. 中国半导体事业的奠基人——黄昆 [J]. 物理教学, 2020, 42 (02): 75-77.

[40] 高雅丽, 肖洁. 一代宗师 山高水长 [N]. 中国科学报, 2019-09-03 (001).

[41] 厚宇德, 马青青. 黄昆的创新思想与科学贡献 [J]. 大学物理, 2017, 36 (11): 45-49.

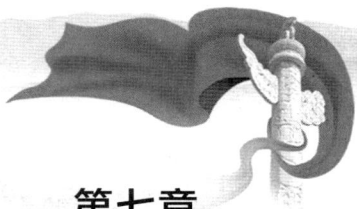

第七章

能 源 名 家

在中华民族伟大复兴的征程上，一代又一代科学家心系祖国和人民，不畏艰难，无私奉献，为科学技术进步、人民生活改善、中华民族发展作出了重大贡献。新时代更需要继承发扬以国家民族命运为己任的爱国主义精神，更需要继续发扬以爱国主义为底色的科学家精神。

本章展示了工程热物理与能源利用领域四位名家大师的风采，从中我们能够体会到新中国成立以来工程热物理学科的发展壮大和能源科技的变革创新。在字里行间中仰望名师大家胸怀祖国、服务人民的爱国精神，勇攀高峰、敢为人先的创新精神，追求真理、严谨治学的求实精神，淡泊名利、潜心研究的奉献精神，集智攻关、团结协作的协同精神，甘为人梯、奖掖后学的育人精神。

目前人类正处于新一轮科技革命和产业革命的前夜，科技创新领域的任务和愿景从未如此丰富多彩。在激烈的国际竞争中，我国面临一些"卡脖子"技术问题。新时代青年学子要向名家大师学习，从科学家精神中汲取成长养分，努力成长为科技强国建设的生力军。能源动力类专业大学生要以服务社会主义现代化强国建设为己任，树立与祖国科技事业同行、勇做时代科技强兵的使命感；秉持求实精神、刻苦钻研，努力加强对基础理论、科学规律的学习和研究；培养质疑、探究、求真的科学思维方式，自觉投入到推动能源科技的创新实践中去。

案例 7-1 吴仲华：科技报国终不悔

📖 一、案例内容

吴仲华（见图 7-1）是我国杰出的工程热物理学家、叶轮机械三元流动通用理论的创始人、工程热物理学科创立者，曾任中国科学院工程热物理研究所所长、名誉所长，中国科学院主席团执行主席、名誉主席，中国航空学会理事长，中国工程热物理学会理事长，《工程热物理学报》主编等职，1957 年被选聘为中国科学院学部委员（院士）。他曾经说过，"中国人搞出的理论，首先要为中国人民服务！"

图 7-1 中国科学院院士、工程

热物理学家吴仲华（1917—1992）

1. 艰辛求学， 荣登高峰

吴仲华 1917 年 7 月出生于上海，原籍江苏苏州。他从小接受了良好的教育与熏陶。高中毕业后，正值中华民族危亡的时刻，吴仲华同许多爱国青年一样，选择了"工业救国"之路，1935 年他考入了清华大学机械工程系。1937 年"卢沟桥事变"爆发，日军大举入侵华北。清华大学、北京大学、南开大学等被迫南迁，吴仲华作为在校生也随校南迁。不久南京沦陷，中华民族到了最危险的时候，他意识到"抗日救国"赶走侵略者才是当时最迫切的任务。为了参加抗日，他和许多同学投笔从戎，于 1938 年进入陆军交通辎重学校。后来到第五军（新建机械化部队）服役，任中尉技术员。由于第五军并未直接参加抗日，1939 年他又回到西南联合大学继续学习，1940 年毕业后留校任教。1943 年底，他通过公费留学考试，携新婚妻子、同年级同学李敏华一起留学美国，在麻省理工学院攻读博士学位。

在选择攻读专业时，吴仲华首先想到的是祖国的需要。起初，他考虑到中国是农业大国，发展农业机械化是当务之急，可麻省理工学院已经不招收农业机械专业研究生了，吴仲华只能改学内燃机专业。其妻李敏华攻读同校航空系博士研究生。由于两人同时攻读，孩子和家务等带来的负担使他们的学习更加艰辛。经过几年苦读，1947 年吴仲华以优异成绩获得科学博士学位，1948 年李敏华也完成学业，成为该校航空系第一位女博士。毕业后，夫妻二人又先后受聘于 NASA 的前身美国国家航空咨询委员会，当年全美国只有四名外国人获准，他们就在其中。

开始工作后，吴仲华在实验室的建议下，转向了叶轮机械流动的研究。这一改变迎来了吴仲华一生中最辉煌的时期，他先后发表了一系列叶轮机复杂的流体研究论文，创立了国际公认的叶轮机械三元流动通用理论。在 20 世纪 40 年代，学界普遍对如何分析叶轮机内部流动没有公认的合理方法。当时有一种意见认为，叶轮机械内部流动也可以使用外流的解析方法。当吴仲华研究到这个问题时，意识到叶轮机械内部流动的复杂边界条件，沿用外流解析法并不能准确地描述分析。于是，他应用刚出现的电子计算机，基于计算机技术和数值计算方法建立了叶轮机械复杂的内部流动数学物理模型，开辟了航空机械的新篇章。

2. 辗转回国，创立学科

1951 年 11 月，新中国代表伍修权在联合国作报告，吴仲华现场聆听后兴奋不已，心中燃起了中华复兴的火焰，毅然决定回国。为顺利回国，吴仲华夫妇辞去了在美国国家航空咨询委员会的工作，到纽约布鲁克林理工学院机械系任教授兼热工组主任。1954 年 8 月，吴仲华以赴欧洲旅游为名，携全家取道英国、瑞士、奥地利、捷克斯洛伐克和苏联，历时数月于 1955 年初回到祖国。

"中国人搞出的理论，首先要为中国人服务！"这是吴仲华一生的理想与抱负，亦是他回国之后的行动指南。回国后，吴仲华夫妇从无到有，一手建立起共和国的航空事业，在母校清华大学开设了全国第一个燃气轮机专业，又与中国科学院合作，创建了中科院动力研究室，培养出的第一届毕业生为中国军舰燃气轮机的研发作出了卓越的贡献。吴仲华也因此被评为中国科学院学部委员（院士），还获得了首次颁发的国家自然科学奖二等奖。

3. 责任所在，拼命为之

20 世纪 80 年代，吴仲华以"责任所在，拼命为之"为座右铭，全身心投入燃气轮机的科研和推广中。他抓紧一切时间，积极在全国推广叶轮机械三元流动理论及方法。他长期工作在沈阳、西安等航空发动机研究所和工厂，进行航空发动机改型设计、试验，讲解三元流动理论及其改型设计方法，为工厂、研究所培养人才。1980 年，研究所恢复建制，被正式命名为工程热物理研究所，吴仲华担任所长，他的科研工作也更加深入了。

1980 年，吴仲华被特邀在中共中央书记处举办的科学技术知识讲座上作了《中国的能源问题及其依靠科学技术解决的途径》的报告。他从科学技术角度提出解决我国能源问题的战略构思，提出各种不同品质的能源要合理分配、对口供应，做到各得其所的综合梯级利用。基于总能系统的思想，吴仲华率先提出对我国经济发展有重大影响的若干新型能源动力系统研究方向，这些研究方向大多以不同形式列入我国各个时期国家能源领域科技规划中。他提出了著名的"温度对口、梯级利用"用能思想，后被《红旗》转载，成为县团级干部必读教材。

吴仲华最大的理想是在中国独立自主发展航空发动机和燃气轮机。1975年，中国引进斯贝发动机。1977年，王震副总理写信给吴仲华，希望由中国科学院派出技术力量，完成斯贝发动机的改进工作。考虑到航空发动机技术难度大，应用要求高，吴仲华提出发展工业用燃气轮机和舰用发动机的思路。1983年，这项工作圆满完成，后获中国科学院技术进步奖一等奖。

二、思政要点解析

历史在前进，时代在变化。与20世纪相比，我国和世界在经济发展和科技水平方面都有了巨大的改变。但无论如何变化，科学的精神、创新的思维、严谨的作风、扎实的工作，仍然是推动人类文明进步最持久的力量。作为能源动力类大学生，认真学习、深入研究、继承并且进一步发扬光大吴仲华等老一辈科学家的学术思想和优秀品格，显得尤为重要。国际著名科学家田长霖教授曾这样评价："吴仲华先生一生对科学的主要贡献有两个，一是创立叶轮机械三元流动理论，这已经是举世公认的了；另一个是他提出了工程热物理学科，这一点还没有被充分认识，但它的意义随着时间的推移会日益显现。"

随着世界上第一颗人造卫星和第一个宇航员进入太空，人类第一次离开了地球，开始了一个新的时代。吴仲华和我国老一辈科学家敏锐地认识到推进装置的重要性和即将面临的前所未有的科技难度。1961年吴仲华参加国家科学委员会和中国科学院召开的"技术科学学科规划"和"星际航行座谈会"。为了加强热、能、功的转换与利用的基础研究，他倡议创立研究热、能、功的转换与利用的基本物理规律的工程热物理学科，得到梁守槃、史绍熙、王补宣、陈学俊、王宏基等同仁的一致赞同。面对高温、高压、高速、高转速和化学反应交织在一起的复杂环境，为了研制出性能可靠、经济适用的推进系统，必须对其内部的工作过程有深入细致的了解，必须对能量以热的形式转化、输运和利用的规律进行系统的、专门的研究，必须把各类热现象、热过程涉及的分散的工程热力学、内部流动气动热力学、传热传质学和燃烧学几门学科紧密结合在一起来考虑，这也就是说，必须把它们联系在一起，形成一门新的综合性应用学科，进行深入系统的研究。基于此，吴仲华于20世纪60年代初期提议创立工程热物理学科，从此开拓了工程热物理学研究、发展的新时代。

工程热物理学是研究热、能、功转换与利用过程中的基本物理现象、规律的应用基础学科，它包括工程热力学、气动热力学、传热传质学、燃烧学等分支学科，按其应用又可包括能源利用、热机、流体机械、多相流动等。它研究各类热现象、热过程的内在规律，并用以指导工程实践，因此这是关系到国防、国民经济所有部门和国民生活的重要学科。能源动力类大学生将成为这一学科领域未来的主力军，回顾这一学科的创立和发展历史，有助于理解这一学科的内涵及重要价值，从而增强学习专业的信心和决心，勇于担当时代责任和历史使命。

案例 7-2　陈学俊：赤诚之心献祖国

📖 一、案例内容

陈学俊（见图 7-2）是我国著名的能源动力工程科学家，我国锅炉专业、热能工程学科的创始人之一，多相流热物理学科的先行者和奠基人。曾任中国工程热物理学会理事长，动力工程多相流国家重点实验室创始主任、名誉主任，为我国能源动力工程科技事业的创建与发展作出了杰出贡献。1980年当选为中国科学院学部委员（院士），1996年当选为第三世界科学院（现称发展中国家科学院）院士。在他的心中，最可珍贵的"标签"，依然是一名忠于党和国家的科研人员。

图 7 - 2　中国科学院院士、热能动力

工程学家陈学俊（1919—2017）

1. 矢志工程报国

陈学俊出生于安徽滁县，家庭条件并不宽裕，但父母支持子女读书。1935年，陈学俊考入南京中央大学机械系。抗日战争爆发后，他随校迁到重庆。1939年大学毕业后，他到重庆中央工业试验所从事工业锅炉制造工作。

1941 年，在贵阳举行的中国工程师学会上，陈学俊宣读了中国锅炉制造方面的第一篇论文——《锅炉制造工艺的研究》。这期间，他还在《贵阳日报》上发表了歌曲《工程师与音乐》："争名利，无意义；学工程，有志气；为人民，谋福利；为社会，求进取；我们永远为中国工程奋斗到底。"这一曲矢志报国的拳拳之音，他倾尽毕生心血吟诵演绎。

1945 年，陈学俊远渡重洋，在普渡大学锅炉方向专业深造。他仅用两个学期就修完了研究生的全部课程，并通过了《蒸汽动力用煤的燃烧》的论文答辩，获得硕士学位。1947 年 3 月，他谢绝了教授们的聘请，毫不留恋美国的高薪和舒适生活，毅然回到祖国。

回国后，陈学俊被聘为交通大学机械系兼任教授，自此开始了与交通大学近七十年的情缘。他发挥自己的专业特长，创办了中国第一个热能工程学术刊物，编撰出版了中国第一部燃气轮机专著，筹建了中国第一个锅炉专业、第一个工程热物理研究所，创建了中国第一个动力工程多相流国家重点实验室……

2. 创建锅炉专业

为解决国内能源动力行业缺乏中文教材的问题，陈学俊整理消化在国外搜集到的资料，编写了我国第一本燃气轮机教材《燃气轮机》。此后，他陆续编著出版了《实用汽轮机学》《蒸汽动力厂》《锅炉学》《锅炉整体》《锅内过程》等14部专著，翻译了120万字的专业书籍，为新中国培养动力类专业高级人才提供了大量教材。1948年，陈学俊还在上海创办了国内第一个热能动力方面的刊物《热工专刊》，对当时国内外的学术交流起到了重要作用，促进了工程热物理学的发展。

20世纪50年代，我国开始生产电站锅炉，独立自主发展电力工业。当时从设计、制造到安装调试、运行等，一切都是空白。陈学俊提出要想独立发展电力工业，必须结合我国国情进行科学研究，结合燃烧国产的煤种进行锅炉流受热面积灰磨损、传热与阻力特性的研究。为了适应国家建设的需要，1952年，陈学俊又筹建了我国高校中第一个锅炉专业，培养这一领域的高级人才。

20世纪60年代，锅炉朝高压超高压发展，为保证安全运行，水动力学问题成为重点关键技术之一。20世纪70年代，陈学俊主持并与上海汽轮机锅炉研究所一起，成功解决了上海市电厂本生型直流锅炉的严重脉动问题。20世纪80年代，他提出"工业锅炉大型化，火电机组近代化，城市煤气化，工业窑炉高效化及机车电气化"的意见，并进行详细论证，为国家能源技术革新政策所采用，载入国家科委蓝皮书。

陈学俊的工程强国路，不仅在于重视基础理论研究、促进学科发展，同时也注重结合对国民经济发展有应用前景的研究项目，真正做到"把研究成果写在国民经济主战场"。他根据多相流与传热领域的国际发展动态，结合国家经济建设的需要，长期坚持以两相流与传热为主的科研方向，对两相流不稳定性、高参数两相流动特性研究处于国际领先。多年的深入系统研究，陈学俊取得了一系列令人瞩目的成果：获国家自然科学奖 2 项，国家科技进步奖 1 项，何梁何利基金科学与技术进步奖，国家科学、国家计委、国家经贸委颁发的有重要贡献奖 1 项，国家教育委员会科技进步奖一等奖 2 项、二等奖 5 项。

3. 西迁泽被后学

陈学俊的一生作出过很多次重大选择，每一次选择，他都总是把根深深扎在祖国需要的地方，奉献一片赤诚之心。

1955 年，国务院考虑到高等学校合理布局应适应国民经济发展及东南沿海地处国防前线形势比较严峻的两个主要原因，决定将交通大学迁往西安。1957 年，由于国际形势有所变化，东南沿海相对稳定，交通大学师生员工中引发了迁校问题的大讨论，反对迁校的声音意见很多。

陈学俊坚决拥护交通大学全部迁往西安，他认为：交通大学迁校问题的正确处理和实施，不仅是交通大学一所学校的问题，还直接关系到院系调整和沿海支援内地，关系到整个国家的发展战略布局。在多次讨论迁校问题的大会上，陈学俊带头表态拥护交通大学西迁。他把满腔热情投入到迁校的动员工作中，在时任动力系主任朱麟五教授和他的共同努力下，动力机械系成为全校唯一全迁西安的系。

1957 年 9 月，陈学俊夫妇带着四个孩子乘坐第一批专列由上海前往西安，临行前，他将上海的两间房子交给了上海市房管部门。他认为："既然去西安扎根西北黄土地，就不要再为房子而有所牵挂，钱是身外之物，不值得去计较。"

迁校初期条件艰苦，校园选址是一片荒郊野地。教职工开会是坐在四面透风的草棚大礼堂里，冬天的大教室仅靠一个小炉子防寒。陈学俊和迁校先驱们克服了水土不服，缺少水产品、大米、蔬果等生活难题，扛过了三年困难时期的困苦，共同建设出一个堪称当时全国一流的崭新校园。

从此，陈学俊牢牢扎根在大西北。20 世纪 70 年代末，他创建了国内第一个工程热物理研究所，20 世纪 90 年代初又创立了国内唯一的动力工程多相流国家重点实验室，成为中国最大的多相流热物理学科的人才培养基地。他的研究成果对我国大型电站锅炉的设计、生产提供了重要的理论依据，已用于国家主力锅炉厂的设计和生产中。工程强国梦，深深印刻在陈学俊的血脉里，也继承传递在他的弟子后学中。

二、 思政要点解析

20 世纪 50 年代，以陈学俊为代表的一大批知识分子听党号令，为国担当，从黄浦江畔迁到渭河之滨，形成了"胸怀大局、无私奉献、弘扬传统、艰苦创业"的"西迁精神"。"西迁精神"的核心是爱国主义，精髓是听党指挥跟党走，与党和国家、与民族和人民同呼吸、共命运，具有深刻现实意义和历史意义。

陈学俊青年时期在战乱中求学，先后辗转于安徽、江苏、重庆、美国等地。然而，他不仅没有荒废学业，而且更加奋力拼搏。学成回国后，他在交通大学执教和开展研究。在面对国家、民族需求时，他义无反顾放弃小我，举家西迁，还将自己在上海的房产上交给了国家。因为他的一生始终贯彻着一个理念：国家需要我到哪里，我就去哪里。心怀强国梦的陈学俊，几十年如一日地带领他的团队攻坚克难，取得多项达到国际先进水平的理论和技术成果，特别是对多相流这一新兴学科的拓展研究，不仅促进了能源动力学科的巨大发展，还为我国化工、石油、国防等领域创造了重大的工业应用价值。

爱国重在践履，贵在立行，需要用热血绘就，用奋斗书写。能源动力类专业的大学生应当将这份精神传承下去，要立足本职、求真务实、不懈奋斗，实实在在地为国家发展奉献自己的智慧和力量，在奋斗中传承"西迁精神"。陈学俊曾经勉励年轻的科技工作者，要发扬优良传统，勇担重任，勇攀高峰，为把中国建设成世界科技强国发奋努力。

案例 7-3 史绍熙：燃烧的生命，不朽的情怀

一、案例内容

史绍熙（见图 7-3）是我国内燃机、工程热物理与燃烧学家和教育家，中国高校内燃机专业的创建者、教学科研的开拓者，曾任天津大学第三机械系主任兼天津内燃机研究所所长、天津大学机械系主任、天津大学校长。1980 年，史绍熙当选为中国科学院学部委员（院士），先后创办学术期刊《内燃机学报》《燃烧科学与技术》。作为我国第一位燃烧学博士，史绍熙对新中国内燃机事业起到了开创性的作用，为我国内燃机学科建设和产业发展进入世界先进行列作出了突出贡献。

图 7-3 中国科学院院士、工程热物理与

燃烧学家史绍熙（1916—2000）

1. 开创新中国内燃机事业

史绍熙原名史绍华，1916 年出生于江苏宜兴的普通农家。1939 年以全班第一名的优异成绩毕业于北洋大学（今天津大学），获学士学位并留校任教。1945 年，他考取公费留英，进入英国曼彻斯特大学研究生院深造。由于学习成绩优异，而且在研究工作中提出了一些新的论点和概念，史绍熙受到导师 Gibson 教授的推荐，直接攻读博士学位。1949 年，史绍熙以《测量内燃机空气消耗量及其他脉动气流用层流流量计的研究》为题，通过了博士学位论文答辩，获英国曼彻斯特大学博士学位。同年，他受聘为英国威尔士大学斯王西学院研究员，继续从事内燃机的研究，在国际内燃机学界逐渐崭露头角。斯王西学院的教授劝他加入英国籍，曼彻斯特大学的教授又推荐他到美国麻省理工学院任教。

"工业救国是我的夙愿，得知新中国成立的消息，我知道该回故乡了。这个选择，我至今认为是对的。"1951 年，年仅 35 岁的史绍熙决然放弃了国外优越的物质生活和工作条件返回祖国。几经周折，冲破重重困难，他终于回到祖国并接受母校的邀请，到天津大学任教授。

内燃机是国民经济与国防部门广泛应用的动力机械。但是在新中国刚刚成立的时候，不仅内燃机工业基础十分薄弱，而且高校中也没有设立内燃机专业，这种状况根本无法适应社会主义工业化建设的现实需求。作为这一领域中的专家，史绍熙回国后的第二年（1952 年）便在天津大学建立了内燃机专业，同时组织编写了我国第一套内燃机专业教材，并亲自讲授了气体动力学、燃烧学和内燃机设计等多门课程，成为中国内燃机及燃烧学学科的奠基人之一。

史绍熙经常讲"我们要走中国自己的创新之路"，在科学研究中总是把国家的需要作为自己的研究课题，使科研更好地为经济建设服务。20 世纪 50 年代末至 60 年代初，我国工业和经济正处于一个极其困难的时期，由于生产工艺水平和使用维修水平相对落后，迫切需要依靠自己的力量设计新一代柴油机产品。经过大量的研究和实验，1959 年，史绍熙突破国际上流行的"空间式"和"壁面式"燃烧理论，创造性地提出了既适应中国国情又兼具上述两种燃烧方式之长的新型燃烧系统——复合式燃烧系统。这一成果不仅改善了柴油机的燃烧过程，降低了燃油消耗率，而且还可以燃烧多种燃料，取得了显著社会效益和经济效益。

1960 年，教育部与天津市共同领导的天津内燃机研究所成立，由史绍熙亲任所长，承担了多项国家重要科研项目和新产品开发任务。他全面组织领导了 105 系列与 85 系列柴油机和多种小型汽油机的设计与研发工作，并在小型高速柴油机研制上取得了新突破，成功研究开发中国第一台转速为 3000 转/分以上的高速柴油机和第一台两级自由活塞式发动机压气机，主持设计研制了第一台自由活塞发动机 - 压气机联合装置，并编写了《自由活塞式发动机》一书，填补了我国在此领域的空白。

2. 领军内燃机行业走向世界

1978 年 3 月 18 日第一次全国科学大会召开，科学界开始迎来发展的春天。就在这一年，史绍熙与王补宣院士一起推动了工程热物理这一新兴学科的确立，积极支持吴仲华先生创建了中国工程热物理学会，并共同肩负起学会发展的重任。

为满足我国内燃机设计和制造的需要，史绍熙还致力于专著、论著和大型工具书的编纂工作。1984 年，他在全国领衔主编了第一部《柴油机设计手册》，约 380 万字。这是我国第一部全面总结柴油机设计经验，兼收国外最新技术成果的大型工具书，具有较高的实用价值和学术价值。1988 年，他又主编了 300 多万字的《内燃机设计手册》。此外，他还担任了《中国大百科全书》机械卷动力机械部分主编。

在长期的科研实践中，史绍熙敏锐地提出，提高内燃机性能的关键在于对内燃机燃烧过程的研究，并且要运用当代最先进的激光技术、具有高分辨率的高速摄影技术等进行研究。史绍熙率先在内燃机缸内流动及燃油喷雾、发动机测试新技术和燃用甲醇等领域进行了一系列创造性研究工作，在流体力学、燃烧学、缸内流动、燃油雾化等试验研究方面不断取得新的进展与成果，这些研究内容和方法目前仍在国内众多大学、研究所和工厂中继续进行。

史绍熙作为中国内燃机学术界的"统帅"，清楚地看到我国与世界先进水平之间的差距，并指明了两条道路：一是建立高水准的重点实验室，使之成为罗致人才、重点攻关的科研基地；二是开展国际交流与合作，与世界发展的潮流合上拍。

从 1986 年起，史绍熙就高瞻远瞩地开始筹建国家内燃机燃烧学重点实验室。这是我国内燃机学科及燃烧学学科领域里的第一个国家级重点实验室，其研究方向是开展内燃机燃烧中物理过程和化学过程的基础研究，特别注意开展与能源合理利用和环境保护有关的应用研究。为开拓国际交流，史绍熙积极邀请国外教授来华讲学，还在 1979 年率队参加了第 13 届国际内燃机会议，并很快成为这一学术团体的国际会员。经过他的不懈努力，国际合作的大门被他一扇扇推开。1989年，史绍熙组织召开了第 18 届国际内燃机会议（CIMAC）并担任大会主席。他作为中国内燃机学会理事长，与德国内燃机协会签订了两国合作协议，他还以中国大学内燃机学科组主席的名义与英国大学内燃机学科组签订了学术交流协议。他以个人的学术成就，把我国内燃机学术水平向世界先进行列推进了一大步。

二、 思政要点解析

史绍熙是科学家，也是教育家。他还有一个特殊的身份——原天津大学校长。他坚持贯彻邓小平同志提出的"教育要面向现代化、面向世界、面向未来"的方针，比较研究国内、外高等教育的异同，结合我国的实际，提出了一系列教育改革措施，并落实于教育实践。

史绍熙认为"专业素质是经线，道德素质是纬线"。他将人生比作地球，主张学生在专业素质方面要如同经线那样沿着既定目标向纵深发展，成为对国家和社会有用的人才；而在道德素质方面，强调学生要如同纬线那样注重知识面的扩展，形成横向的延续和连绵。作为祖国未来建设的生力军，大学生的综合素质培养不容忽视。他认为，高层次人才应该具备两方面的基本素质，即一专多能和全面发展。

史绍熙曾告诫学生们，大学阶段是人的一生中培养专业意识、系统学习专业知识、奠定扎实的专业基础的关键阶段。青年学生应珍惜大好时光，努力掌握科学知识，为将来报效祖国、立足社会、服务人民打下坚实的基础。在道德素质方面，史绍熙重点强调的是大学生必须要具有社会责任感。他认为，未来社会的竞争不仅是人才与知识的竞争，更是一个国家国民综合素质的竞争。只有那些充满激情、关注社会、关注他人的人，那些具有广博的教育背景并能够灵活运用头脑的人，那些能够充分认识到自己肩负的社会责任的人，才能在任何环境中、任何条件下脱颖而出，才能在激烈的竞争中立于不败之地。他告诫年轻人要培养良好的道德品质，其中最重要的一点就是要勇于承担责任，要以国家的繁荣富强和人民的安居乐业为己任，时时刻刻将国家的利益、人民的利益放在首位。

案例 7-4　王补宣：研教为本，"热"情终身

一、案例内容

王补宣（见图 7-4）是我国著名的热工教育家、工程热物理学科的开拓者和传热学学术带头人。他曾担任中国科协第二届全国委员会委员，中国工程热物理学会副理事长、理事长、终身荣誉理事长，中国太阳能学会第一第二届理事长，国务院学位委员会学科组成员兼"动力工程与工程热物理"大组召集人。1980年，王补宣当选为中国科学院学部委员（院士）。他始终奋战在科研与教育的第一线，为我国工程热物理事业和教育事业作出了重要贡献。

1. 潜心热学，硕果累累

1922 年，王补宣出生于江苏无锡。他的童年是在动荡与战火中度过的。两岁时，他跟随家人在江浙军阀混战中颠簸；在上海读中学时，他亲眼目睹了"租界"的屈辱历史；后来他还经历了"八·一三"淞沪抗战和抗日战争。动荡的社会和屈辱的国难在年轻的王补宣心中烙下了深刻的印记，使他立志要科学报国。

1939 年 9 月，王补宣考入西南联合大学机械工程系，1943 年 7 月获得工学学

图 7-4　中国科学院院士、工程热力学家王补宣（1922—2019）

士学位，同年 9 月留在西南联合大学（清华大学）担任助教。1947 年 7 月，王补宣到美国普渡大学机械工程系攻读硕士，并时刻关注国内动态，1949 年获得硕士学位。之后，王补宣毅然放弃了在普渡大学继续深造的机会，决定回国与祖国共命运。自此，王补宣一直奋战在中国工程热物理学科研与教育的第一线，见证了学科创立、发展和壮大的过程。

1950 年 1 月，王补宣回国担任北京大学工学院副教授。1952 年 9 月，调入清华大学任副教授，1962 年晋升为教授，并任清华大学热能工程与热物理研究所所长、博士生导师，同时兼任高等教育部、教育部热工教材编委会主任。

王补宣是我国工程热物理学科的卓越开拓者。他的学术研究涉及热力学、传热传质学、热物性、动力机械、能源系统规划、热湿环境预示和控制以及模拟监测技术等领域。他创立了高速流动膜沸腾传热理论，深化了多孔介质热湿迁移理论与应用技术，提出了能源的合理利用与优化规划，发展了新型测试监控方法。

20 世纪 70 年代后期，王补宣领导创建了中国太阳能学会，连任两届理事长（1979—1987 年）。期间，他出版《太阳能学报》，组织我国新能源的开发应用，提出"在经济、实惠、牢靠的前提下，把太阳能和生物质能的利用普及起来"的方针。

20世纪80年代，鉴于材料制备中急需快速以至超快速淬冷、核动力水堆失水和复水的紧急事故处理、对高温壁面可靠的保护性冷却以及对强化沸腾的相变传热和强化、优化雾化环境等具体背景，王补宣领导开展了高速流动膜沸腾和液滴在热壁面上蒸发的机理性研究，在国际上首次提出由于蒸气膜层的沿途增厚、气液两相密度悬殊可引起纵向压力梯度，独创了气液混相中间层并用以简化分析模型，导出了高速流动膜沸腾的系统理论，运用激光显示技术揭示蒸发液滴内部的蜂窝流动，提出介电常数对蒸发形态的影响机制，得到了划分不同形态的流谱图，发现过细的雾化将使形态转化反而会显著降低液滴蒸发速度，从而对传统的概念提出挑战。这些开创性的成果使他获得1989年国家自然科学奖。

王补宣对多孔介质热湿传递过程进行的系列研究发展了热湿迁移的综合理论，提出同时测定热湿迁移性质的动态、快速新方法，拟订出利用一组实验数据推算其他温度和含湿率下的数据和比对新技术，对毛细滞后现象的经典理论作出新的阐释，还运用多孔体模型导出生物组织传热的基本方程，并据此制订了在体组织热物理性质的测试方法与技术，获国家教育委员会科技进步一等奖。

20世纪90年代，王补宣积极推动从宏观向微观过渡的细观热物理超常性的研究，涉及非线性、非均匀性、非热力学平衡性等更多的复杂性问题，以适应当前高技术向微型化和超快速化深层次发展的需要。

王补宣作为学术领导人和组织者，参与国家有关科技发展规划的制订与实施，所主持的多项科研成果获国家级和部委级奖励，包括1986年世界能源协会授予的"能源为人类服务"大奖、1989年国家自然科学三等奖、1998年何梁何利科学与进步奖、2010年亚洲热物性会议终身成就奖、2014年国家自然科学二等奖、2016年中国传热传质首位终身成就奖。

2. 开辟学科，甘为人梯

王补宣不仅是学术研究的开拓者，更是学科教育的开辟者。1952年，王补宣在清华大学创建了热工学教研组（现清华大学能源与动力工程系工程热物理研究所），并担任教研组主任。同年，他出版了新中国第一本《工程热力学》教科书。不久，他又翻译了苏联米海耶夫院士的《传热学基础》，这个译本因为流畅易懂而被国内高等院校普遍采用。

在参与国家 1956—1967 年科学技术发展远景规划、筹建工业热工专业的过程中，王补宣考虑到国家经济建设需要和清华没有理科的实际情况，萌生了在国内创办工理结合的工程热物理专业的想法，以此强化物理热学基础，培养创新热工研究的高层次人才。1957 年，他在清华大学创建了全国第一个工程热物理本科专业，并担任工程热物理教研组（现清华大学航天航空学院工程热物理研究所）主任。回忆这段艰辛的历程时，王补宣说："当时设置工程热物理专业的时候，也就是 410 专业，我当时一个人又是专业课，又是新生课，教了 230 个小时的传热，后来再教传热的话就比较熟悉了。都是这样干出来的，边学边用，学中干，干中学。"在学校的大力支持下，王补宣带领教研组培养出国内首批热物理专业学生。1960 年，热物理专业首届毕业生积极走上岗位，广受好评。

王补宣倾其一生的精力，专注于我国热科学事业的发展。年事已高的他仍勤恳地致力于学术，完成了《工程传热传质学》和《工程热力学》两部著作。王补宣在其长期的研究实践中取得了诸多开创性成果，却始终不问功绩、淡泊名利、平易近人，堪称一代学者楷模。

即使有着众多荣誉，王补宣心中装的却是莘莘学子。2012 年，王补宣 90 寿诞之际，清华大学经其同意发起、设立了"王补宣院士奖学励学基金"，用于奖励清华大学能源动力及工程热物理领域学习成绩和综合素质优异的本科生和研究生，资助学习努力、学业合格、家庭经济困难的本科生，奖励清华大学和国内其他单位该领域的优秀青年学者，奖励传热学领域优秀研究生，以及支持每四年一次在清华大学召开的北京国际传热会议。

王补宣将教书育人的执着精神贯穿始终。执教 60 余年，他培养了大量热工学领域优秀人才。他们在我国各个行业和多个领域担任领导和骨干，为我国热工学科的发展和国民经济建设作出了重大贡献。

二、思政要点解析

在王补宣先生身上，我们看到了一位"大先生"最为宝贵的品质，始终做学生为学、为事、为人的示范。

始终心怀家国、服务人民。王补宣自幼目睹国难当头、山河破碎，青少年时代最梦寐以求的便是能够救国救民、振兴中华。1939年，王补宣胸怀"工业救国"的志向选择就读西南联合大学机械系。1943年毕业留校从教而后赴美深造，在新中国成立前夕冲破重重阻力毅然回国。回到清华园，王补宣克服困难，埋头苦干，多次参与国家有关科学技术发展规划制订与实施工作，填补了国内空白，产生了巨大经济效益，为一穷二白的新中国添砖加瓦。

始终严谨求实、勇攀高峰。王补宣曾说过："搞科学技术来不得半点虚假，单靠天资不够，还得有信心、决心和恒心，要经得起风浪、波折，坚持不懈地努力，才能不断地有所前进，攀上更高一层楼。"作为我国热科学研究领域的创始人和奠基人之一，王补宣领导创建了全国第一个工程热物理本科专业，努力推动国内外学术交流，将其一生的精力全部奉献给了我国热科学事业的发展。

始终倾心育人、躬身谦逊。王补宣在人才培养上倾注了大量心血，执教60余年，培养了大量热工学领域优秀人才。努力改革《工程热力学》《传热学》课程内容，编著了教材。他认为教师必须要"循循善诱，身教重于言教，以理服人，而非以势压人"。王补宣当年的学生、清华大学江亿院士回忆恩师时说道："王先生每一页都写满了批示，从公式的符号，到什么样的表示方法，再到文字、标点符号，让我学会了到底该怎样做学问、怎样写文章。"

参 考 文 献

[1] 叶环瑞，刘培. 吴仲华与中国科大工程热物理系的创建［J］. 高等工程教育研究，2021（04）：174-179.

[2] 陈欢欢. 吴仲华：船骥托起一片天［N］. 中国科学报，2019-12-6（4）.

［3］徐建中.吴仲华先生与叶轮机械三元流动理论［J］.推进技术，2017，38（10）：2161-2163.

［4］徐建中.吴仲华与工程热物理［J］.科学通报，2017，62（23）：2586-2588.

［5］林汝谋.吴先生的爱国心和事业心永远激励着我们——纪念吴仲华院士诞辰90周年［J］.中国科学院院刊，2007（04）：323-326，352.

［6］史瑞琼，纪梦然，陈彬.陈学俊：赤诚之心献祖国［N］.中国科学报，2019-05-15（5）.

［7］史瑞琼，杨凌.听党指挥跟党走——西迁人西迁事［J］.世纪风采，2020（08）：25-29.

［8］王非.中国多相流热物理学科奠基人：陈学俊［J］.西部大开发，2008（08）：36-37.

［9］李明德.赤诚——记中国科学院院士陈学俊教授［J］.科技·人才·市场，1995（01）：22-23.

［10］陈学俊院士：工程强国梦 一世西部情［J］.科学家，2017，5（13）：20-21.

［11］史连佑.永远的怀念——著名科学家与教育家史绍熙院士［M］.天津：天津大学出版社，2002.

［12］闫广芬，王红雨.史绍熙：科教兴国的先行者［J］.中国高等教育，2016（18）：33-35.

［13］管虹.史绍熙院士：燃烧的生命 不朽的情怀［N］.中国科学报，2016-12-02（2）.

［14］吴咏诗.中国内燃机奠基人史绍熙｜37年前，天大那些引领时代的教育思想［EB/OL］.（2019-04-09）［2023-04-04］.http://tju.edu.cn/info/1103/1408.htm.

［15］李心桂，张学学.全心全意致力教材建设——记热工课程教学指导委员会主任委员王补宣教授［J］.教材通讯，1992（05）：26-27.

［16］王补宣.院士心得：人生回眸［EB/OL］.（2002-04-26）［2023-04-04］.https://www.tsinghua.edu.cn/info/1837/73743.htm.

［17］中华人.王补宣，中国工程热物理学科的开拓者［EB/OL］.（2019-10-09）［2023-04-04］.https://baijiahao.baidu.com/s?id=1646889233709808601.

［18］邱勇.高山仰止 风范长存——在王补宣先生诞辰100周年纪念活动上的致辞.［EB/OL］.（2022-8-20）［2023-04-04］.https://www.tsinghua.org.cn/info/1012/37651.htm